A DOR DO AMOR

CIP-BRASIL. CATALOGAÇÃO NA PUBLICAÇÃO
SINDICATO NACIONAL DOS EDITORES DE LIVROS, RJ

G53d   Godinho, Bruno, 1972-
    A dor do amor / Bruno Godinho. – 1. ed. – Porto Alegre
[RS] : AGE, 2025.
    208 p. ; 14x21 cm.

    Inclui bibliografia
    ISBN 978-65-5863-361-7
    E-ISBN 978-65-5863-362-4

    1. Espiritualidade. 2. Vida cristã. I. Título.

25-97492.0   CDD: 248.4
                    CDU: 27-4

Gabriela Faray Ferreira Lopes – Bibliotecária – CRB-7/6643

BRUNO GODINHO

A DOR DO AMOR

Editora AGE

PORTO ALEGRE, 2025

© Bruno Freitas Godinho, 2025

Capa:
Nathalia Real,
utilizando imagem de Shutterstock/s_oleg

Diagramação:
Júlia Seixas

Revisão textual:
Ronald Menezes

Supervisão editorial:
Paulo Flávio Ledur

Editoração eletrônica:
Ledur Serviços Editoriais Ltda.

Reservados todos os direitos de publicação à
EDITORA AGE
editoraage@editoraage.com.br
Rua Valparaíso, 285 – Bairro Jardim Botânico
90690-300 – Porto Alegre, RS, Brasil
Fone: (51) 3223-9385 | Whats: (51) 99151-0311
vendas@editoraage.com.br
www.editoraage.com.br

Impresso no Brasil / Printed in Brazil

AGRADECIMENTOS

Nossas sinceras gratulações à nossa guia espiritual, o Espírito Irmã Rosália, que sugeriu escrevermos sobre a "dor do amor", bem como ao Espírito Joanna de Ângelis, que, em um diálogo íntimo com seu tutelado espiritual nessa existência – Divaldo Pereira Franco –, no dia 22 de agosto de 2022, na presença de minha esposa Fabiana Costa, pediu-nos, sem nada saber o que havia insinuado Jeanne Marie Rendu (1785-1856), que redigíssemos uma obra sem medir palavras incitadoras à felicidade, à renúncia, à dor como instrutora divina, sobre a morte física, sobre as consequências do nefasto ato do suicídio, etc., pois, segundo os venerandos Espíritos supracitados, há aqueles que, pressentindo a luz que está por trás da porta da Verdade, desejam abri-la e beneficiarem-se com o esplendor de suas irradiações.

OBSERVAÇÃO NECESSÁRIA

Em virtude daquela viajem a Salvador/BA (22/08/2022), que o autor cita nos "Agradecimentos" deste livro, sua esposa Fabiana Costa, corajosamente, no dia 01/11/2023, solicitou ao médium Divaldo Pereira Franco para "prefaciar" as obras *O Humano Ser e A Dor do Amor*, que na época ainda estavam sendo compiladas. A resposta (via áudio) veio no mesmo dia, e, com efeito, ela repassou ao seu marido Bruno Godinho, que, com sua discrição e senso de privacidade, guardou a informação que Divaldo gravou, afirmando que somente após o desencarne do reconhecidíssimo baiano revelaria o "registro de som" que, desde então, ficaria em sua posse.

No lançamento da obra *O Humano Ser*, em novembro de 2024, Divaldo Franco ainda estava entre nós, encarnado. Desse modo, Bruno Godinho não colocaria no livro supracitado o áudio que seu amigo pessoal enviou para sua esposa.

Estamos em 22 de maio de 2025, fazendo oito dias que o nosso querido "trator de Deus" voltou à Pátria Espiritual. Nesse contexto, eu vejo por bem apresentar o áudio que possuo em meus arquivos digitais, doado pelo autor, no formato de texto, com, obviamente, a autorização dele.

Isso posto, segue transcrição da resposta do querido e saudoso médium de Feira de Santana/BA:

"Querida Fabiana, é claro que eu me lembro de você, minha filha. Desde quando você era pequenina, e eu ia jantar em sua casa com Raul [Teixeira], sem Raul [Teixeira]. Seu pai [Ubirajara Costa] foi o verdadeiro homem de bem; sua mãe [Neiva Costa] devotadíssima, cumpridora do dever. E vocês, filhos, almas procurando o Reino de Deus no próprio coração.

"Siga adiante, minha filha! Cumprido com as suas tarefas e ajudando todos aqueles que se verem pelo seu caminho. Eu li os dois prefácios que o nosso Bruno colocou nos livros. Vou lhe falar de coração: Bruno é como um filho, desde quando eu o via, há muitos anos! Acompanhei a trajetória dele com muita dor no coração, no período em que ele foi um verdadeiro herói, com os frutos amargos do diabetes. Tenho por ele respeito e uma amizade profunda, e vejo nele um cristão, com a têmpera daqueles "trabalhadores paulinos". Os livros não necessitam de prefácio; ambos estão aqui muito bem elucidados pelo autor. Se fosse um primeiro livro menos mal, porque se ia apresentar ao autor, mas ele já publicou dois livros. Ambos, maravilhosos. Esse último sobre Paulo [O Apóstolo da Gentilidade, Editora AGE, 2023], colocando-o na atualidade, é comovedor como ele sente o espírito de Paulo nas grandes conquistas históricas da Humanidade.

"Eu ultimamente não estou psicografando. Os dois livros que eu publiquei este ano são já mais antigos, de mensagens que estavam guardadas esperando que os autores os organizassem. Desde que o COVID me pegou, há dois anos, eu fui diminuindo a psicografia para economizar energias. E nesse ano que está terminando [2023], quase eu não psicografei nada. Por essa razão eu não vou pedir à nossa "mãezinha" [Joanna de Ângelis], porque eu sei que ela não negaria, e então eu não quero criar a ela nenhum constrangimento, em razão do meu estado. Para você ver, eu faço palestra aqui em casa [Centro Espírita Caminho da Redenção] terça, quinta e sábado, e pas-

so os dias seguintes deitados. Agora que eu estou levantando para almoçar aqui no quarto. É um cansaço, minha filha, que me surpreende. Eu entendo, doutrinariamente, eu sei o que é, qual é a campanha que o mundo espiritual inferior vem urgindo, desejando me utilizar sem o conseguir, porque eu estou nas mãos de Jesus; me entrego a Ele totalmente e Ele me tem amparado. Daí eu não me nego a receber o prefácio, se por acaso, sem que lhe peça nada, ela [Joanna de Ângelis] venha a escrever. Muito bem. Então eu deixo por conta dela, que tem essa visão maior do que a nossa. E vou carpindo o meu sofrimento nesses dois últimos anos, com a energia possível e com muita responsabilidade.
Muito obrigado, minha filha, e Deus a abençoe."

Rafael Sarturi
Esteio, 22/05/2025

SUMÁRIO

Abreviações bíblicas 13
Exórdio 15

Felicidade, onde estás? 29
Abençoada dor 56
Caridade 82
Casamento 109
A morte física 147
Amolamento de caráter 159
Desperta! 163
Renovação íntima 175
Ideal superior 185
O velador da luz 192

Epílogo 203
Referências 205

ABREVIAÇÕES BÍBLICAS

1 Co = 1ª Epístola aos Coríntios
1 Cr = 1º Livro de Crônicas
1 Jo = 1ª Epístola de João
1 Pe = 1ª Epístola de Pedro
1 Rs = 1º Livro de Reis
1 Sm = 1º Livro de Samuel
1 Tm = 1ª Epístola a Timóteo
1 Ts = 1ª Epístola aos Tessalonicenses
2 Co = 2ª Epístola aos Coríntios
2 Cr = 2º Livro de Crônicas
Tit = Carta a Tito
2 Jo = 2ª Epístola de João
2 Pe = 2ª Epístola de Pedro
2 Rs = 2º Livro de Reis
2 Sm = 2º Livro de Samuel
2 Tm = 2ª Epístola a Timóteo
2 Ts = 2ª Epístola aos Tessalonicenses
3 Jo = 3ª Epístola de João
Am = Amós
Ap = Apocalipse
At = Atos dos Apóstolos
Cl = Colossenses
Dn = Daniel
Dt = Deuteronômio
Ec = Eclesiastes
Ed = Esdras
Ef = Efésios
Ex = Êxodo
Ez = Ezequiel
Fm = Filemon
Fp = Filipenses
Gl = Gálatas
Gn = Gênesis
Hb = Hebreus
Is = Isaías
Jn = Jonas
Jo = João
Jó = Jó
Jr = Jeremias
Js = Josué
Jz = Juízes
Lc = Lucas
Lv = Levítico
Mc = Marcos
Ml = Malaquias
Mq = Miqueias
Mt = Mateus
Nm = Números
Os = Oseias
Pv = Provérbios
Rm = Carta aos Romanos
Sl = Salmos

EXÓRDIO

*Homem, renuncia ao mundo,
entrega-o a Deus, e depois recebe-o de volta,
purificado, das mãos de Deus.*

O prezado leitor talvez possa estar se questionando: qual o significado do título deste livro? O amor leva à dor? Responderemos dessa forma: sim, o amor, quando sentido verdadeiramente em nosso orbe, tem na dor sua chancela. **Mas é a dor SEM CONFLITO de qualquer ordem**, pois, sinônimo de piedade, a *dor do amor* representa "a virtude que mais vos aproxima dos anjos; é a irmã da caridade, que vos conduz a Deus" (Miguel, *O Evangelho segundo o Espiritismo*, Cap. XIII, item 17). Por isso, a compaixão toma o lugar daquilo que no Homem do mundo é repulsão. O amor toma o lugar do ódio, a ternura substitui a indiferença, e o sacrificador é distinguido em sua atitude para com aqueles à sua volta pelo toque da divina compaixão, que não consegue ver o caráter repulsivo da forma exterior, e que só consegue compreender a beleza no relicário interior da criatura humana.

À medida que o indivíduo compreende isso, e sabe que o único valor do corpo é ser um canal do superior, ser um instrumento da Vida, lenta e gradualmente ele se eleva acima de todo pensamento, **exceto o pensamento da Unidade**, e se sente parte desse grande mundo sofredor. Então, as aflições da Humanidade são suas aflições, os pecados da Humanidade são seus pecados, as fraquezas dos seus irmãos são suas fraquezas. Somente assim ele consegue ver o subjacente Ser Uno.

A existência do ser piedoso é uma longa série de pequenas renúncias, de sacrifícios diários, um contínuo morrer no tempo (psicológico) para que o Superior possa viver em si, eternamente. Sua caminhada terrena é vivida (sentida) no lar, na cidade, no escritório, no mercado, em meio às vidas, esquecendo-se totalmente de si mesmo, na qual a renúncia torna-se tão comum que não há esforço, porque virou algo corriqueiro.

Alude o Espírito Joanna de Ângelis:

> É o amor que leva à piedade fraternal, à compaixão, induzindo o homem à solidariedade e mesmo ao sacrifício.
> (*Plenitude*, Cap. V)

Que vós saibais, leitor amigo, ser sonho maior da criatura humana espiritualizada o de colaborar na elevação do semelhante. Onde não existe um sereno autodomínio, indiferença aos assuntos pessoais e tranquila devoção ao trabalho para os outros, **não há vida verdadeiramente espiritual**. Se levarmos essa vida de sacrifício e renúncia; se, diariamente e com perseverança, nos doarmos aos outros, um dia iremos encontrar-nos no topo da "montanha sagrada", e descobriremos que fizemos a Grande Renúncia, sem jamais sonhar que qualquer outro ato fosse possível.[1]

Disseram os benfeitores espirituais a Allan Kardec:

A sublimidade da virtude, porém, está no sacrifício do interesse pessoal, pelo bem do próximo, sem pensamento oculto. A mais meritória é a que assenta na mais desinteressada caridade. (*O livro dos espíritos*, perg. 893)

Pois é, caro leitor: atender a quem te chama é belo. Lutar por quem te rejeita é quase chegar à perfeição. Quando sentirmos que "nenhum de nós vive para si" (Ro 14:7), pois Deus visita a criatura pela própria criatura, deixaremos de *viver* para *ser* "cooperadores de Deus" (1 Co 3:9). Desse modo, reconheceremos a Paternidade Divina e a irmandade universal de todos os seres da Criação, estabelecendo, assim, o culto natural do amor a Deus e ao próximo.[2]

Mister se faz, portanto, compreender que o Homem:

[...] não é somente razão e consciência: é também amor. O que caracteriza o ser humano, acima de tudo, é o sentimento, é o coração. O sentimento é privilégio da alma; por ele a alma se liga ao que é bom, belo e grande, a tudo que merece sua confiança e pode ser sustentáculo na dúvida, consolação na desgraça. Ora, todos esses modos de sentir e de conceber nos revelam igualmente Deus, porque a bondade, a beleza e a verdade só se acham no ser humano em estado parcial, limitado, incompleto. A bondade, a beleza e a verdade só podem existir sob a condição de encontrar seu princípio, plenitude e origem em um ser que as possua no estado superior, no estado infinito. (Léon Denis, *O grande enigma*, Cap. VI)

Bem se sabe que o Homem profano geralmente, é uma criatura social. O Homem místico é um solitário com Deus. O Homem crístico, porém, é um Homem solidário com os Homens, por amor de Deus, visto saber que somente o sacrifício pessoal contém o divino mistério da vida. Em verdade, não pode haver progresso integral sem renúncia. Não há caráter consolidado que se não funde numa série de renúncias. Quem ama em Cristo, guarda confiança em Deus, é feliz na renúncia e sabe alimentar-se de esperança. **Somente nesse ambiente o Espírito conquista a liberdade psíquica e firma o seu império.**

Aqui vai uma mensagem do Espírito Akenaton, retirada da obra *Mensagens do grande coração*, Capítulo V:

> O Cordeiro deixara-se imolar voluntariamente, reduzindo-se à condição de passividade e renúncia! Que circunstância estranha forçaria a presença na Terra de tal Espírito e em situação tão extraordinária?
>
> É que a Humanidade, por sua natural evolução, chegara à maturidade suficiente para necessitar de alguém que lhe mostrasse como descer os degraus da renúncia. Desde então já ninguém precisou de Mestre mais alto.
>
> Todo aquele que souber abraçar sua cruz, deixando-se coroar pelos espinhos das rosas espirituais do Amor, poderá considerar-se na conquista do grau mais alto da confraria do Amor Universal.
>
> Ele veio trazer à luz do dia o exemplo da beleza máxima encarnada em um homem: o Amor e o Conhecimento em íntima comunhão.
>
> Cumprida outra etapa evolutiva, mudou-se o panorama espiritual do planeta e já não se justifica o sigilo em torno do que deve e precisa ser divulgado, pois o que impedia que as verdades fossem conhecidas era a

imaturidade moral do homem, que não pode mais ser admitida após 2.000 anos de conhecimento da palavra do Cristo.

Antes d'Ele, foi a época da subida, em que se mediam os graus espirituais através da evolução do Conhecimento. Bem poucos seriam capazes de chegar ao topo da escada para começar a descê-la com renúncia.

À Sua passagem iluminaram-se os padrões espirituais do planeta e quem daí em diante amasse a Verdade teria que acompanhar a evolução coletiva imitando o maior Mestre que já tivera a Humanidade, dando-se por amor e renúncia!

Nada do que está oculto deixará de vir à luz. Na época atual não se justifica que ela se mantenha obscurecida por um anteparo que já se transformou em auxiliar do obscurantismo. Estamos na era do Amor, que é a orientação sadia para o Conhecimento. Por que então cultivar esse Conhecimento como um segredo, se ele já se encontra suficientemente divulgado com a permissão da Direção Espiritual do Planeta?

Se imensos candelabros de luz estão dispersos pela Terra, por que continuar a ocultar essa mesma luz em atendimento a uma tradição que já teve sua razão de ser? Antes, "o espírito" não estava "derramado sobre a Terra".

[...] É hora de servir à Humanidade no grau da renúncia sem ver as próprias predileções ou, embora vendo-as, deixá-las de lado sempre que impliquem no mais leve esquecimento do dever maior: o testemunho de amor e humildade provada na renúncia! A fé que se consolidava através dos fenômenos produzidos pelo conhecimento, vós já a tendes!

Utilizai-a em toda a sua força potencial, testemunhando diante dos homens o amor que vos exemplificou Jesus. Sede generosos para serdes dignos dos bens que vos chegam. Evitai reter a Verdade como quem armazena indefinidamente sem cuidar da aplicação imediata do que possui! [...] Não vos deixeis ficar isolados, como plantas que permanecessem no terreno estéril do conservantismo, quando há terras dadivosas nas quais suas congéneres se renovam dia a dia. Deixai-vos transplantar para o terreno onde Jesus iniciou sua Seara de Amor e que, de transformação em transformação, vem deixando para trás os enganos, para abrir-se, agora, à luz do sol da Revelação que fertiliza e produz frutos saborosos para alimentar a Humanidade enfraquecida pela dúvida em torno de si mesma!

Amigo que nos lê, para viver a *dor do amor* são necessários os grandes terremotos morais, o vento quente, seco e vigoroso dos infortúnios, os padecimentos superlativos para que nos libertemos dos erros seculares, e entremos definitivamente no carreiro do labor, da virtude e do sacrifício redentores.

Somente com o fogo purificador do sofrimento, a quem ninguém está defeso de não passar, estaremos granjeando um tesouro, com lágrimas – a moeda dos desventurosos, a única que tem valor nos reinos siderais, e com que se pode conquistar a própria liberdade espiritual e felicidade imorredouras.

Que sofreremos tentações, que cairemos muitas vezes, que nos afligiremos com decepções e desânimos, na estrada iluminativa, ah! não padece dúvida para nenhum de nós. Entretanto, é imprescindível marcharmos de alma desperta, na posição de reerguimento e reedificação, sempre que necessário. Que as nossas sombras continuem a nos fustigar, mas que jamais esqueçamos de reacender a própria luz.

Somos ou não somos discípulos do Cristo Jesus, que abraçamos uma doutrina que veio reviver suas Alvíssaras? Pois bem. Se somos, mister se faz semear flores perfumosas no bem e colher os dolorosos espinhos do mal, da ingratidão, da injustiça e da calúnia. Que importa que riam de nós! Que importa que a ingratidão e a maldade se levantem na nossa frente! Aquele que ama não recua por tão pouca coisa; ainda que colha espinhos e silvas, continua sua obra, porque esse é seu dever; sabe que a abnegação o engrandece. Bem disse o Apóstolo da Gentilidade:

> Deus não nos deu o espírito do temor, mas de fortaleza, amor e moderação. (2 Tim 1:7)

Desse modo, aprenderemos a *viver no mundo*, sem *pertencer ao mundo*. Perguntar-se-ia: mas será isso possível? Sim; basta observar a flor açucena. Não é o pântano que realça sua alvura, dando-lhe seiva e perfume extraídos do lodo infecto, embalsamando o ar? Como ela não se mancha ao contato das águas pútridas dos terrenos alagadiços de fundo margoso? Como não se atrofia? Não parece a açucena nascida no mais maravilhoso jardim?

Compreendamos, então, que o Criador, fazendo uma açucena abrolhar de um charco pútrido, quer demonstrar com isso que, assim como sucede a essa linda flor, também nós podemos viver de forma imaculada nos pântanos mundanos, impregnados do aroma incomparável da fé e de todas as qualidades morais.

Atendamos ao programa de edificação que nos compete, ainda que nos encontremos **sozinhos ou perseguidos**

pela incompreensão das criaturas humanas. Somente assim cresceremos na Graça Divina e no discernimento para a Vida imortal.[3]

Não esqueçamos que ainda somos peregrinos nas diversas carreiras da existência. Somos infortunados cegos, tateando nas trevas compactas desse lodaçal asfixiante da Terra. Ante o Orçamento Divino, temos dispendido preciosas energias, em numerosas existências, desviando-as para o terreno escuro do cárcere expiatório.

Pecadores contritos que somos, em nossas preces mais fervorosas imploremos bênçãos e auxílio a Jesus, o Cristo! Somente Ele nos pode conceder essa força, para nos tornarmos invencíveis e invulneráveis ao mal (à ignorância da Lei).

Roguemos: ó dor do amor! Tu és o divino sinete que assinala todas as almas em caminhos vitoriosos para o Céu! Jamais podemos condenar-te! Tu vieste renovar a experiência, e mostrar-nos que nos irmãos do caminho, que amam, sofrem e aprendem, devemos nos mover ao Sol da compaixão! Tu vieste nos mostrar, ainda, o peso que existe na culpa e o valor do perdão! Tu és quem nos revela a grandeza do amor, na luz da compreensão! Não devemos censurar-te, porque tu vieste em nome de Deus levantar o altar de nosso coração! Possamos minorar as penas alheias e ferir os pés nas pedras aspérrimas das intérminas estradas que nos conduzem à Criação! Só quem já conseguiu chegar ao coração dos deserdados da sorte poderá dizer que se agasalhou ao calor dos princípios crísticos, rumo à psíquica redenção![4]

Paz.

Notas

1. A alma em evolução impreterivelmente chega ao ponto crítico quando tenta sacrificar o resultado da ação, morrendo para os apegos. O desapego às coisas do mundo arrebata-a; a indiferença domina-a e ela se encontra suspensa, por assim dizer, no vazio (não existencial). **Todo o motivo para a ação desapareceu.** Sobre ela pesa o desgosto por todos os objetos. No entanto, ainda não viu o âmago da Lei do Sacrifício. Nesse momento de pausa, de suspensão no vazio (não existencial), a alma humana parece ter perdido contato com o mundos das formas e dos objetos, mas ainda não entrou em contato com o mundo da Vida.

   É como se o Humano Ser, passando de precipício e precipício através de uma ponte estreita, de repente descobrisse que a ponte cedeu sobre seus pés; ele não consegue retornar, esticar-se e alcançar a beirada mais além. Parece estar suspenso no ar, no vazio, sobre o abismo, tendo perdido o contato com tudo.

   Aqui vai uma sugestão: não temamos quando a Grande Renúncia chegar, quando o momento máximo de isolamento nos acercar. Não receemos perder o contato com o transitório, antes de entrar em contato com o Eterno. Muitos sentiram o mesmo isolamento e seguiram adiante, pois acharam o aparente vazio uma plenitude genuína.

   Bem preconizou o Crucificado sobre essa transição:

   > Quem ama a sua vida perdê-la-á, e quem neste mundo odeia a sua vida, guardá-la-á para a vida eterna (Jo 12:25)

   Esse é o teste da Vida Interna. Ninguém pode tocar o superior até que tenha perdido contato com o inferior. Não pode sentir o superior antes que o toque do inferior se dissipe. Uma criança subindo uma escada encostada a um precipício ouve a voz do pai chamando-a de cima. Ela quer chegar até o pai, mas está firmemente agarrada à escada com ambas as mãos enquanto vê o abismo voraz embaixo. Mas a voz lhe diz: "Segure a escada com menos força e estique os braços acima da cabeça". Porém, a criança tem medo. Se segurar a escada com menos força, não irá cair no abismo voraz que está embaixo? Ela não consegue ver acima da cabeça. O ar parece vazio, não existe nada para ela se agarrar. **Então vem a suprema fidelidade à Lei.** Ela larga a escada. Estica as mãos vazias no espaço vazio acima de si; e veja! Suas mãos são agarradas pelas mãos do seu pai, e a força do pai puxa-a para o seu lado. Assim é a lei da Vida Superior. Ao renunciar ao inferior, assegura-se o superior; e ao deixarmos de lado a vida que conhecemos, a Vida Eterna conquista-nos para Si.

Ninguém, senão aqueles que passaram por isso, pode conhecer o horror desse grande vazio, onde o mundo da forma desapareceu, mas onde a vida do Espírito ainda não é sentida. Porém, não existe outro caminho entre a vida na forma e a vida no Espírito. Entre ambos estende-se um abismo que deve ser atravessado; e por mais estranho que possa parecer, no momento de máximo isolamento, quando o Humano Ser depende de si, e nada existe à sua volta além do vazio silencioso, é então que daquele vazio da existência surge o Ser Eterno; e aquele que ousou saltar da posição firme daquilo que é temporal encontra-se sobre a rocha segura do Eterno.

E quando a Grande Renúncia se oferece como nosso guia, sua voz pode parecer fria e severa; seu aspecto, quase ameaçador. Apesar de tudo, confie nela, qualquer que seja a aparência externa, e procure entender por que, à primeira vista, o sacrifício nos dá a ideia de dor.

Mas quando começamos a viver a vida do Espírito, a vida que reconhece o Uno nas múltiplas formas, então começamos a perceber a suprema verdade espiritual, de que **sacrifício não é dor, mas alegria; não é tristeza, mas deleite**; que aquilo que é doloroso para a carne é bem-aventurança para o Espírito, que é a nossa verdadeira vida. Vemos também que o aspecto de sacrifício que era doloroso era completa ilusão; que mais intenso do que qualquer prazer que o mundo pode dar, mais alegre do que qualquer alegria que provém da riqueza ou posição social, mais bem-aventurado do que qualquer felicidade que o mundo pode oferecer, é a bem-aventurança do Espírito livre, que, espargindo-se, entra em união com o Ser, e sabe que está vivendo em muitas formas, fluindo ao longo de muitos canais, em vez de seguir as limitações de uma única forma.

Estamos conclamados a participar ativamente do testemunho coletivo da **"descida por amor" como desafio, através da renúncia pessoal**. O Crucificado não se deixara imolar voluntariamente, reduzindo-se à essa condição? Ensinemos uns aos outros o esquecimento de nós mesmos, tornando-nos, com efeito, criaturas invulneráveis ao ataque, aos maus procedimentos e às injúrias (cf. Simeão, *O Evangelho segundo o Espiritismo*, Cap. X, item 14).

2. Conquanto possa parecer algo contrário do que já afirmamos até aqui – o que não é verdade quando observamos cuidadosamente a situação, e, para alguns, ela é vivida – a ilação do Espírito Bezerra de Menezes, pela psicografia de Yvonne Pereira, na obra *Dramas da obsessão*, capítulo I, é bem profunda e só a realizam aqueles que verdadeiramente respeitam a zona de compreensão alheia, a liberdade da vontade de outrem, sabem que a paciência é a fortaleza do fraco e a impaciência a debilidade do forte, que são brandos, e têm consigo a certeza de que a compaixão, essência da totalidade da Vida, é o sentimento de amor por quem

sofre, embora não se possa, muitas vezes, dar-lhe mais do que a certeza de nossa solidariedade fraterna diante das situações penosas em que se enredou, pelo descuido dos deveres espirituais. Diz o venerável Espírito:

> De fácil solução seria o problema, aplicado tantas vezes entre os **endurecidos no mal**, pela mesma lei: deixá-lo inteiramente entregue ao seu livre-arbítrio! Afastarmo-nos dos seus caminhos, não mais o aconselhando durante o sono corporal e tampouco tecendo em torno dos seus passos barreiras que anulassem os múltiplos malefícios com que teimava em barricar a própria evolução moral-espiritual. Deixarmos de interferir nas reencarnações, abandonando-o à própria responsabilidade, sem nossas inspirações e assistência, a fim de que sentindo, finalmente, a solidão interior envolver o seu espírito, ele se humilhasse perante si mesmo e procurasse reencontrar-nos, com boa vontade para a emenda e a conquista do progresso, impulsionado pelos aguilhões da dor.
>
> Seus excessos atrairão situações de tal forma anormais, desequilíbrios tão pungentes na marcha irrefreável das existências, que outro recurso não encontrarão, a fim de remediá-los, senão a submissão às equitativas leis da razão e da justiça. O que quer dizer que buscarão, voluntariamente, o caminho do Dever, do qual jamais haviam cogitado. A história messiânica do Filho Pródigo não poderia ser melhor imaginada, para retratar a marcha da Humanidade, do que o foi por nosso Mestre Jesus Nazareno. Eis, pois, o corretivo supremo da lei: **abandonar os rebeldes e endurecidos a si mesmos, não os assistir sequer com a inspiração, quer no estado terreno quer no espiritual**, tal como o pai de família, que deixou partir o filho mais novo, certo de que as duras experiências, consequentes das próprias irreflexões, bem cedo o levariam à emenda dos costumes, à regeneração definitiva.

Sugerimos, como meio de complementação à inferência de Bezerra de Menezes, a leitura do livro *Jonathan, o Pastor*, do Espírito Josepho, pela mediunidade de Dolores Bacelar – obra pouco conhecida, mas de uma profundidade incomum. No início do livro, lê-se um exemplo notável do verdadeiro amor. Trata-se de um pai (o pastor Jonathan) e seu filho rebelde, endurecido, que, sem embargo, humilha-o ao ponto do leitor sentir em seu coração as punhaladas imorais transpassadas em seu genitor. Não fosse Jonathan comparado a uma frondosa árvore que tolera grandes tempestades, não fosse sua firmeza interior diante das experiências da vida, o equilíbrio indispensável para tão penosa situação não seria vivido (sentido). Mas o protagonista da obra havia aprendido a dizer adeus a tudo o que lhe prejudicava na caminhada em direção da luz divina, e, ainda assim, distribuía bondade, sem preocupações de recompensa, guardando o conhecimento sem surpresas amargas. Era inquebrantável em sua fé e seguia sempre adiante, intimorato, porquanto:

> Se estamos totalmente empenhados ao amor infinito do Mestre [Jesus, o Cristo], não será razoável compreendermos pelo menos alguma particularidade de nossa dívida imensa, dispondo-nos a aceitar pequenina parcela de sofrimento, em memória de Seu nome, junto de nossos irmãos da Terra, que são seus tutelados igualmente? (Emmanuel, *Caminho, verdade e vida*, Cap. XVII)

Não esqueçamos que:

> A ingratidão não é planta de campo contrário. (Emmanuel, *Vinha de luz*, Cap. CIV)

3. Para compreender a intepretação verdadeira (não teológica) do significado de "Graça Divina", sugerimos ao leitor estu-

dar a obra *O Humano Ser* (Editora AGE, 2024), de nossa autoria.

4. A "dor do amor" tem vários sinônimos, quando consideramo-la a nível psicológico, comportamental, a saber: "esquecimento de si mesmo" = "renúncia por amor" = "abnegação" = "devotamento" = "dor sem conflitos" = "tristeza por compaixão" = "piedade"...

FELICIDADE, ONDE ESTÁS?

*Não há caminho para a felicidade.
A felicidade é o caminho.*
– GANDHI

O Rei Salomão (1050-931 a.C.), em Eclesiastes, diz:

Fiz para mim obras magníficas; edifiquei para mim casas; plantei para mim vinhas. Fiz para mim hortas e jardins, e plantei neles árvores de toda a espécie de fruto. Fiz para mim tanques de águas, para regar com eles o bosque em que reverdeciam as árvores. Adquiri servos e servas, e tive servos nascidos em casa; também tive grandes possessões de gados e ovelhas, mais do que todos os que houve antes de mim em Jerusalém. Amontoei também para mim prata e ouro, e tesouros dos reis e das províncias; provi-me de cantores e cantoras, e das delícias dos filhos dos homens; e de instrumentos de música de toda a espécie. E fui engrandecido, e aumentei mais do que todos os que houve antes de mim em Jerusalém; perseverou também comigo a minha sabedoria. E tudo quanto desejaram os meus olhos não lhes neguei, nem privei o meu coração de alegria alguma; mas o meu coração se alegrou por todo o meu trabalho, e esta foi a minha porção de todo o meu trabalho. E olhei eu para todas as obras que fizeram as minhas mãos, como também para o trabalho que eu, trabalhando, tinha feito, e eis que tudo era vaidade e aflição de espírito, e que proveito nenhum havia debaixo do sol. (Ec 2:4-11)

Observa-se o terceiro Rei de Israel confessando que a felicidade não é deste mundo, pois não se encontra no acúmulo de bens materiais, nem nas ilusões, mascaradas de alegria, que **esse mundo de exílio** (cf. *O livro dos espíritos*, perg. 153, 242, 340, 872 e 1009), ainda que temporário, proporciona.

O filósofo grego Aristipo (435-356 a.C.), nascido na cidade de Cirene, foi para Atenas atraído pela fama de Sócrates (469-399 a.C.). Aprendeu muito com ele, mas depois acabou tornando-se um sofista de profissão, recebendo remuneração pelos seus ensinamentos.[1]

Aristipo de Cirene é conhecido como o fundador da escola hedonista (do grego *hedoné*, que significa *prazer*. Ele distinguia dois estados da alma humana: o prazer e a dor). Preconizava que o prazer tem sempre a mesma qualidade, e o único caminho para a felicidade é **a busca do prazer e a diminuição da dor**.

Um dos continuadores da ideologia hedonista foi o filósofo da ilha de Samos – Epicuro (341-270 a.C.). A doutrina epicurista, tão confundida com o gozo imoderado dos prazeres mundanos, como se não distinguisse do hedonismo puro e simples, demonstra menções ao contrário. O filósofo de Samos sempre ostentou a cidadania ateniense, herdada do pai emigrante. Há também um fator predominante para se considerar cidadão ateniense: depois de peregrinar por Cólofon (cidade na costa asiática) em 322 a.C., por Mitilene (na lendária ilha de Lesbos) em 311 a.C., por Lâmpsaco (nos Dardanelos) em 310 a.C., regressa a Atenas no ano de 306 a.C., quando de lá havia saído aos 14 anos de idade, em 323 a.C. Adquiriu, na capital da Grécia, uma ampla casa logo acrescida de um grande jardim, para o fim exclusivo de instalar aquela que viria a ser sua célebre escola, conhecida como "O Jardim de Epicuro", onde habitavam, além do mestre, seus antigos discípulos: Hermarco e Metrodoro.

Os frequentadores dessa autêntica comunidade viviam de maneira quase ascética, consumindo apenas as hortaliças que eles próprios cultivavam, às quais acrescentavam somente pão e água, ou ainda queijos em ocasiões especiais.

Diz o grande filósofo:

Consideramos ainda a autossuficiência um grande bem; não que devamos nos satisfazer com pouco, mas para nos contentarmos com esse pouco caso não tenhamos o muito, honestamente convencidos de que desfrutam melhor a abundância os que menos dependem dela; tudo o que é natural é fácil conseguir; difícil é tudo que é inútil.

Os alimentos mais simples proporcionam o mesmo prazer que as iguarias mais requintadas, desde que se remova a dor provocada pela falta: pão e água produzem o prazer mais profundo quando ingerido por quem deles necessita.

Habituar-se às coisas simples, a um modo de vida não luxuoso, portanto, não é conveniente para a saúde, como ainda proporciona ao Homem os meios para enfrentar corajosamente as adversidades da vida: nos períodos em que conseguimos levar uma existência rica, predispõe o nosso ânimo para melhor aproveitá-la, e nos prepara para enfrentar sem temor as vicissitudes da sorte.

Quando então dizemos que o fim último é o prazer, não nos referimos aos prazeres dos intemperantes ou aos que consistem no gozo dos sentidos, como acreditam certas pessoas que ignoram o nosso pensamento, ou não concordam com ele, ou o interpretam erroneamente, mas o prazer que é ausência de sofrimentos físicos e de perturbações da alma. Não são pois bebidas nem banquetes contínuos, nem a posse de mulheres e rapazes, nem o sabor dos peixes ou das outras iguarias de uma mesa farta que tornam doce uma vida, mas um exame cuidadoso que investigue as causas de toda escolha e de toda rejeição e que remova as opiniões falsas em virtude das quais uma imensa perturbação toma conta dos espíritos. De todas essas coisas, a prudência é o princípio e o supremo bem, razão pela qual ela é mais preciosa do que a própria filosofia; é dela que originam todas as demais virtudes; é ela que no ensina que não existe vida feliz sem prudência, beleza e justiça, e que não existe prudência, beleza e justiça sem felicidade. Porque as virtudes estão intimamente ligadas à felicidade, e a felicidade é inseparável delas. (Epicuro, *Carta sobre a felicidade*, p. 41, 43, 45 e 47)

O eminente filósofo de Samos, cuja cidadania herdou de seu pai, era um homem de pensamentos nobres, e defendeu abertamente a sobrevivência da alma após a morte física, em sua *Carta sobre a felicidade*, destinada a Meneceu (?-†). Para ele, o verdadeiro prazer está na falta de sofrimento. Dessa forma, **o caminho para a felicidade** consistia não na busca de prazer, mas na libertação do sofrimento, da dor.

Sobre Epicuro, o Espírito Joanna de Ângelis, pela psicografia do médium Divaldo Pereira Franco, na obra *Estudos espíritas*, Capítulo XVII, diz:

> Enquanto viveu, Epicuro procurou demonstrar que a sabedoria é verdadeiramente a chave da felicidade, mediante a qual o homem desenvolve as inatas aptidões da beleza, fruindo a satisfação de atender as mais fortes exigências do ser.
>
> Pugnavam os epicuristas pela elevação de propósitos, demonstrando que as sensações devem ceder lugar às emoções de ordem superior, a fim de que o homem se vitalize com as legítimas expressões do belo, consequentes aos exercícios da virtude por meio da qual há uma superior transferência dos desejos carnais para as alegrias espirituais.
>
> Posteriormente o ideal epicurista, também chamado hedonista, sofreu violenta transformação, passando essa Escola a representar um conceito deprimente, por expressar gozo, posse, prazer sensual. Fixaram os descendentes do filósofo de Samos – que elaborara o seu pensamento nas lições de Demócrito, oferecendo-lhe vitalidade moral –, o epicurismo nas lutas pela propriedade, ensinando que o homem somente experimenta felicidade quando pode gozar, seja por meio do sexo desgovernado ou mediante o estômago saciado. Fomentaram a máxima: possuir para gozar, ter para sobreviver, esquecidos de que a posse possui o seu possuidor, não poucas vezes atormentando-o, por fazê-lo escravo do que tem.

O mesmo Espírito Joanna de Ângelis, agora no livro *Atitudes renovadas*, Capítulo XIX, também pela mediunidade de Divaldo Pereira Franco, aduz que:

> O conceito de que a felicidade é considerada como falta de sofrimento, ausência de problemas e de preocupações, é cediço, destituído de legitimidade, porque se pode experienciar bem-estar, felicidade, em situações de dor, assim como diante de problemas e de desafios. A felicidade é um estado emocional, no qual as questões externas, mesmo quando negativas, não conseguem modificar o sentimento de harmonia.

Um pouco antes do pensamento epicurista, veio à tona o pensamento de Antístenes (440-365 a.C.) – **o único discípulo direto de Sócrates que o compreendera verdadeiramente**. Esse homem, conhecido como "cão puro e simples", **foi o primeiro a dobrar o manto e vestir somente essa roupa, usando um bastão e uma sacola.**

Não podemos deixar no ostracismo o filósofo Diógenes (412-323 a.C.), nascido na cidade litorânea de Sinope (ao norte da Ásia Menor, atual Turquia), considerado o grande divulgador do Cinismo – escola filosófica que pregava o total desprezo pelos bens materiais e o prazer (material).

Sobre a filosofia cínica, diz o Espírito Joanna de Ângelis:

> O Homem deve desdenhar todas as leis, exceto as da Natureza, vivendo de acordo com a própria consciência e com total desprezo pelas convenções humanas e sociais. Era um retorno às manifestações naturais da vida, em harmonia com o direito de liberdade em toda a sua plenitude. Pela forma como conceituava a filosofia, incorporando-a

à prática diária, foi tido por excêntrico. Desdenhando os bens transitórios passou a habitar um tonel. E como visse oportunamente um jovem a sorver água cristalina que tomava de uma fonte com as mãos em concha, despedaçou a escudela de que se servia por considerá-la inútil e supérflua, passando a fazer como acabava de descobrir... Desconsiderou, em Corinto, o convite que lhe fora feito por Alexandre Magno, desprezando a honra de governar o mundo ao seu lado e admoestando-o por tomar-lhe o que chamava "o meu Sol".

Fundamentada no amor à Natureza e suas leis, a doutrina cínica considerava a desnecessidade do supérfluo e a perfeita integração do Homem na vida, pois que "nada possuindo não podia temer a perda de coisa alguma, desenvolvendo o sentido ético do respeito à vida". Os continuadores exaltados, porém, transformaram-na em uma reação contra as regras da vida, semeando o desdém ou proclamando uma liberdade excessiva, a degenerar-se em libertinagem. (Joanna de Ângelis, *Estudos espíritas*, Cap. XVII)

É bem verdade que, quanto menos o indivíduo deseja possuir bens terrenos, tanto mais feliz é ele, porque a infelicidade consiste no medo de perder o que se possui ou no desejo de possuir o que não se pode adquirir. Queremos, contudo, afirmar que não há mal em possuir – todo mal está em ser possuído. Ser livre é ser feliz. Ser escravo é ser infeliz. Sendo assim, pode o possuidor ser livre daquilo que possui; e pode o não possuidor ser escravo daquilo que não possui.

Surge mais tarde Zenon (334-262 a.C.), de Cítio (cidade a sudeste da ilha de Chipre, no Mar Mediterrâneo), trazendo pensamento estoico. Foi um capitalista de sucesso, até perder todos os seus bens em um naufrágio, quando viajava da Fenícia a Pireu (município vizinho a Atenas e situado em zona urbana, no qual se localiza o porto da capital grega).

Ensinava a seus discípulos que **a felicidade consistia numa permanente serenidade interior, tanto em face do prazer como em face do desprazer**. Serenidade esta baseada na perfeita harmonia com a Lei Cósmica. Isso implicava autocontrole, firmeza diante da adversidade e comportamento justo. Compreendeu que a felicidade não está em *ter* ou *não ter*, mas sim em *ser*.

O Estoicismo é certamente o tipo de filosofia que mais se aproximou da solução do problema central da Humanidade. Infelizmente, Zenon:

[...] Expunha, vigoroso, quanto à necessidade de se banirem da vida as expressões da afetividade e da emotividade, que, segundo lhe parecia, causavam apego e produziam dor.

[...] Os Homens são os seus valores íntimos", lecionava, desejoso de fazer que o conceito fecundasse na alma humana. No entanto, pelo impositivo de reação aos elementos constitutivos do afeto e da emoção, não conseguiu oferecer a segurança básica para a felicidade, por tornar o homem inautêntico, transformado em máquina insensível ao amor, à beleza, ao sofrimento. (Joanna de Ângelis, *Estudos espíritas*, Cap. XVII)

Mas tudo estava certo: faltavam quase 300 anos para que viesse ao mundo o Ungido de Deus – o Cristo Jesus –, para nos mostrar que era Ele a luz do mundo (cf. Jo 12:44-46), e dizer quem são, na Terra, os felizes (os bem-aventurados). Vejamos:

> Bem-aventurados os pobres de espírito, porque deles é o reino dos céus; Bem-aventurados os que choram, porque eles serão consolados; Bem-aventurados os mansos, porque eles herdarão a terra; Bem-aventurados os que têm fome e sede de justiça, porque eles serão fartos; Bem-aventurados os misericordiosos, porque eles alcançarão misericórdia; Bem-aventurados os limpos de coração, porque eles verão a Deus; Bem-aventurados os pacificadores, porque eles serão chamados filhos de Deus; Bem-aventurados os que sofrem perseguição por causa da justiça, porque deles é o reino dos céus; Bem-aventurados sois vós, quando vos injuriarem e perseguirem e, mentindo, disserem todo o mal contra vós por minha causa. Exultai e alegrai-vos, porque é grande o vosso galardão nos céus; porque assim perseguiram os profetas que foram antes de vós. (Mt 5:3-12)

João Boanerges, o *discípulo amado* de Jesus, escreve em sua Primeira Carta, sobre o apego às coisas do mundo. Vejamos:

> Não ameis o mundo, nem o que no mundo há. Se alguém ama o mundo, o amor do Pai não está nele. (1 Jo 2:15)

Paulo de Tarso diz:

> Já aprendi a contentar-me com o que tenho. Sei estar abatido, e sei ter abundância; em toda a maneira e em todas as

coisas estou instruído, tanto a ter fartura como a ter fome; tanto a ter abundância como a padecer necessidade. Posso todas as coisas em Cristo que me fortalece. (Fp 4:11-13)

E mais:

Nada trouxemos para este mundo, e manifesto é que nada podemos levar dele. (1 Tm 6:7)

Que lição! **Aquele que não se contenta com o que tem, não se contentará com o que gostaria de ter. O indivíduo feliz não guarda ambição, pois sabe que a felicidade não depende do que lhe falta, mas do bom uso que faz do que se tem. É de senso comum que a criatura mais rica não é aquela que possui mais dinheiro, mas a que menos precisa dele. Não é da riqueza que vem a virtude, mas é da virtude que vem toda riqueza.**

Na pergunta 920 de *O livro dos espíritos*, o preclaro Codificador do Espiritismo, Allan Kardec, questionou aos imortais sobre a felicidade:

Pode o homem gozar de completa felicidade na Terra? Não, por isso que a vida lhe foi dada como prova ou expiação. Dele, porém, depende a suavização de seus males e o ser tão feliz quanto possível na Terra.

O Bispo de Hipona – Aurelius Agostinus (354-430) –, em sua obra *Confissões*, diz de forma única:

E como hei de te buscar, Senhor? Quando te procuro, meu Deus, estou à procura da felicidade. Procurar-te-ei para que minha alma viva, porque meu corpo vive de minha alma, e minha alma vive de ti. Como então devo buscar a felicidade? Porque não a possuirei até que possa dizer "basta". Como, pois, procurá-la? Talvez pela lembrança, como se a tivesse esquecido, guardando contudo a lembrança do esquecimento? Ou pelo desejo de conhecer algo desconhecido ou por nunca tê-lo vivido, ou por tê-lo esquecido a ponto de nem ter consciência do seu esquecimento?

Mas não será justamente a felicidade que todos querem, sem exceção? E onde a conheceram para a desejarem tanto? Onde a viram para assim a amarem? O que é certo é que está em nós a sua imagem. Mas não sei como isto se dá. E há diversos modos de ser feliz: quer possuindo realmente a felicidade, quer possuindo apenas sua esperança. Este último modo é inferior ao dos que são realmente felizes, embora estejam melhor que os não felizes nem na realidade, nem na esperança. Mesmo estes, todavia, não desejariam tanto a felicidade se esta lhes fosse completamente estranha, e é certo que a desejam. Não sei como a conheceram, e portanto ignoro a noção que dela têm. O que me preocupa é saber se essa noção reside na memória, pois, se é lá que reside, é sinal de já fomos felizes alguma vez. Por ora não busco saber se todos fomos felizes individualmente, ou se o fomos naquele que pecou primeiro, e no qual todos morremos, e de quem nascemos na infelicidade. O que procuro saber é se a felicidade reside na memória, porque certamente não a amaríamos se não a conhecêssemos. Mal ouvimos esta palavra, e todos confessamos que desejamos a mesma coisa; e não é o som da palavra que nos deleita. Quando um grego a ouve pronunciar em latim, não se alegra, porque ignora seu sentido. Mas nós nos alegramos ao ouvi-la, como ele se a ouvisse em sua língua. A felicidade, com efeito, não é grega nem latina; mas gregos e latinos, assim como todos que falam outras línguas, desejam alcançá-la.

Logo, a felicidade é conhecida de todos; e se fosse possível perguntar-lhes a uma voz:" Quereis ser felizes?" – todos, sem hesitar, responderiam que sim. E isso não aconteceria se a memória não tivesse em si a realidade, expressa por essa palavra.

Aspiramos à serenidade espiritual, aos dias tranquilos, à harmonia dos lares, ao estado de ócio e abundância das coisas, mas toda ventura mundana é um estacionamento no progresso psíquico, enquanto o sofrimento, nobremente suportado, é um impulso do Espírito para as regiões ditosas do Universo, onde têm guarida os libertos do mal, conversos ao Bem definitivo e perene.

Assim diz o Espírito Emmanuel, na obra *Vinha de luz*, Capítulo X:

> Verdades eternas proclamam que a felicidade não é um mito; que a vida não constitui apenas o curto período de manifestações carnais na Terra; que a paz é tesouro dos filhos de Deus; que a grandeza divina é a maravilhosa destinação das criaturas; no entanto, para receber tão altos dons é indispensável erguer os olhos, elevar o entendimento e santificar os raciocínios.

Colocou muito bem Carlos Torres Pastorino (1910-1980), em seu livro *A sabedoria do Evangelho III*, quando aduz que:

> O Reino dos Céus [felicidade] não é externo, mas interno; não vem com o rumor das vitórias, nem com o aplauso popular, mas com o silêncio da meditação; não chega com

o orgulho do vencedor, mas com a humildade do vencido; não é obtida com a raiva de quem derrota um inimigo, mas com o amor de quem ama os adversários, como verdadeiros benfeitores; não é conseguida após a passagem pela cova escura do túmulo, mas enquanto estamos na carne; não é "deste mundo" de lutas personalísticas, mas é do mundo espiritual em que, embora na carne, vive o Espírito, a individualidade; não é constituída de títulos de soberania nem de superioridade hierárquica, mas de vivência interior, sem aparências exteriores; não é uma conquista visível aos outros, mas se realiza no secreto do próprio coração, onde habita o Pai.

Felicidade, onde estás? Por que tentamos a posse de um tesouro que não é da Terra? É um patrimônio individual, é bem verdade, mas não existe a pura felicidade nesse planeta como a desejam os seres humanos.

Diz Léon Denis, em sua obra *O problema do ser, do destino e da dor*, Capítulo IX:

> O objetivo da evolução, a razão de ser da vida não é a felicidade terrestre, como muitos erradamente creem, mas o aperfeiçoamento de cada um de nós, e esse aperfeiçoamento devemos realizá-lo por meio do trabalho, do esforço, de todas as alternativas da alegria e da dor, até que nos tenhamos desenvolvido completamente e elevado ao estado celeste. Se há na Terra menos alegria do que sofrimento, é que este é o instrumento por excelência da educação e do progresso, um estimulante para o ser, que, sem ele, ficaria retardado nas vias da sensualidade. A dor, física e moral, forma a nossa experiência. A sabedoria é o prêmio.

O ser nasceu para a felicidade mais alta, gloriosa e duradoura. Malgrado, há possibilidade de se engastar no lodo um fragmento de Sol? Não. Já se encontrou na vasa uma jazida de diamantes? Não. Como, então, almejar nas trevas o que só existe na luz? A resposta não é difícil: somente **servindo absoluta e incondicionalmente ao supremo tribunal da consciência, que é a voz divina em nós. Se soubermos olhar e aprender, a porta estará lá e a chave em nossas mãos. Ninguém pode no-la dar ou a porta nos abrir, senão por nós mesmos**.

Disse o filósofo alemão Immanuel Kant (1724-1804):

Duas coisas que me enchem a alma de crescente admiração e respeito, quanto mais intensa e frequentemente o pensamento delas se ocupa: o céu estrelado sobre mim e a lei moral dentro de mim.

E escreveu mais:

A moral, propriamente dita, não é a doutrina que nos ensina a sermos felizes, mas como devemos tornar-nos dignos da felicidade. Ora, a felicidade não é um prêmio da virtude, é a própria virtude.[2]

À medida que o sentido direcional nos desperta, *sentimos* mais do que *entendemos* as leis divinas. Captamos pela intuição, em dimensão imponderável, tudo o que é capaz de nos orientar em relação à Vida Superior, impossível de ser traduzida pelo intelecto senão parcialmente. Aberto o canal da intuição para a faixa vibratória do amor, identificamos, de imediato, toda a lei cósmica numa linha de redução proporcional ao estágio evolutivo da Humanidade terrena, pois se tivéssemos no silêncio a mesma capacidade que temos no falar, o mundo seria muito mais feliz. Aliás, o ser dotado de intuição espiritual não DESCOBRE Deus em parte alguma do Universo nem dentro de si mesmo; a grandiosa DESCOBERTA que a criatura humana faz é que **não há nada fora de Deus** – eis aí a perfeita sabedoria cósmica do Evangelho, traduzida no Monismo.

Que consigamos passar tranquilos e harmoniosos os dias de nossa existência física, como bênçãos de paz no torvelinho das paixões. Saibamos viver *no* mundo e não *para* o mundo – eis o modo de existir do Homem consciente de seus deveres morais. Pensando e agindo assim, pareceremos externamente como indivíduo de consciência profana, porque viveremos espiritualmente no meio de todas as materialidades. Atingiremos as alturas da luz – único elemento absolutamente imune e incontaminável, no meio das imundices do mundo profano. Nós, de modo geral, não consideramos alguém intimamente feliz parte de nossa elite, porque ele permanece incógnito, desconhecido, e a maior parte dos que pressentem sua sublimidade interior tem dificuldade de discerni-la sob o véu grosseiro de sua condição humana.

Todos nós temos um alvo a atingir – a redenção psíquica. Perguntar-se-ia: mas como? Não há *como* nem *quando*. Basta abençoar nossas vicissitudes saneadoras, libando a taça das expiações acrisolantes com resignação, para que conquistemos o alvará da liberdade perene, fazendo jus à sonhada ventura que, com tanto afã, nossos corações tanto almejam, porquanto:

[...] Não há alma que não possa renascer, fazendo brotar novas florescências. Basta-vos querer para sentirdes o despertar em vós de forças desconhecidas. Crede em vós, em vosso rejuvenescimento em novas vidas; crede em vossos destinos imortais. Crede em Deus, Sol dos sóis, foco imenso, do qual brilha em vós uma centelha, que se pode converter em chama ardente e generosa!

Sabei que todo homem pode ser bom e feliz; para vir a sê-lo basta que o queira com energia e constância. A concepção mental do ser, elaborada na obscuridade das existências dolorosas, preparada pela vagarosa evolução das idades, expandir-se-á à luz das vidas superiores e todos conquistarão a magnífica individualidade que lhes está reservada.

Dirigi incessantemente vosso pensamento para esta verdade: que podeis vir a ser o que quiserdes. E sabei querer ser cada vez maiores e melhores. Tal é a noção do progresso eterno e o meio de realizá-lo; tal é o segredo da força mental, da qual emanam todas as forças magnéticas e físicas. Quando tiverdes conquistado este domínio sobre vós mesmos, não mais tereis que temer os retardamentos nem as quedas, nem as doenças, nem a morte; tereis feito de vosso "eu" inferior e frágil uma alta e poderosa individualidade! (Léon Denis, *O problema do ser, do destino e da dor*, Cap. XX)

Toda felicidade depende apenas de como estamos ligados pelo amor. O indivíduo que se sente pleno, ainda que pese estar encarnado na Terra, tem como dogma a fé; como espada, o amor sem apego; como clima, a caridade, porque o faz com discernimento e perdoa sem conivência; tem como alegria a servidão, porque é livre com responsabilidade; tem como casa o império terreno; como escola, a natureza; como alimento, a palavra de Deus doce e enérgica, sem violência; tem como luz o entendimento; e a sua guerra será estabelecer dentro de si aquela paz que Jesus preconizou, e pedimos vênia ao leitor para relembrá-la:

> Deixo-vos a paz, a minha paz vos dou; não vo-la dou como o mundo a dá. Não se turbe o vosso coração, nem se atemorize. [...] Tenho-vos dito isto, para que o meu gozo [minha alegria] permaneça em vós, e o vosso gozo [vossa alegria] seja completo. (Jo 14:27; 15:11)

Disse o Apóstolo da Gentilidade:

> Procuremos, portanto, guardar a unidade do Espírito pelo vínculo da paz. (Ef 4:3)

A paz não consiste na ausência de guerras, mas na união dos corações. Saibamos trocar a espada da morte pela paz de espírito, a sementeira do ódio pela jardinagem do amor, o manual de guerra pelo Evangelho do Cristo Jesus. A paz (interior) é uma virtude, um estado de alma, uma disposição para a benevolência, confiança e justiça. Logo, sigamos a voz íntima da consciência, e nunca nos arrependeremos, porque seremos cooperadores nas irradiações de luz, e, com isso, mais tarde, participaremos de outros trabalhos em benefício dos que sofrem. Resultado: todos aqueles que nos rodeiam receberão nossa influência, e sentir-se-ão nascer para nova vida.

Louvado seja Deus, sob a égide de Jesus, o Cristo.

Notas

1. Houve, desde então, uma revolução intelectual, que teve como os primeiros expoentes dessa tendência os sofistas. E quem seriam eles? A palavra *sofista* (do grego *sophós*) sig-

nifica "hábil em geral"; *sophós* também designa o indivíduo dotado de algum saber. No entanto, a partir de meados do século V a.C., em Atenas, essa palavra (até então neutra e positiva) passa a designar (já em sentido pejorativo), num primeiro momento, um personagem novo e curioso no cenário cultural e educacional – isto é, o professor de retórica e filosofia. Perguntar-se-ia: mas já não havia mestres de retórica e filosofia? Sim, mas não com as características e peculiaridades desses homens, pois eram professores de retórica e filosofia implicando, necessariamente, a correlação desses dois *saberes*. Melhor dizendo: a filosofia como um saber não fundamental, mas atrelado e subordinado à retórica, pois a única filosofia que realmente importa é a veiculável e veiculada pela arte do bem falar (a oratória ou retórica).

Para os sofistas, a filosofia se reduz basicamente à ética, e, sobretudo, à política. Isso possibilita, já num segundo momento, aprimorar o que se entendia por sofista: o professor de retórica e política. Em outras palavras: os sofistas eram professores (remunerados) que ensinavam como utilizar a retórica no discurso de debate políticos; ensinavam aos jovens que pretendiam ocupar cargos políticos habilidade no uso da palavra, visando à persuasão do público. Cabe ressaltar que a maioria dos sofistas não era ateniense.

Com o advento da democracia – auge da efervescência política, artística e intelectual –, os sofistas, além de mestres renomados em retórica, e, naturalmente, exímios oradores, passaram a exercer marcante influência não só na vida política como na feitura das leis. Em verdade, os sofistas atuavam em quase todas as esferas da vida do cidadão ateniense: educação, política, legislação, transações financeiras e comerciais. Basta lembrar que alguns sofistas foram líderes do governo, como Crítias (460-403 a.C.) – membro do círculo socrático e depois um dos 30 tiranos, que colaborou com a morte daquele sábio homem, incompreendido pela maioria.

Ressaltamos que os sofistas gregos, de modo geral, não se dedicaram, salvo algumas exceções como Protágoras de Abdera (490-415 a.C.), a registrar por escrito para perpetuação nem suas impressões "filosóficas" nem suas peças de oratória. Ademais, a maioria dos escritos dos sofistas não sobreviveu nem chegou a nós. O que existe são fragmentos esparsos deles próprios e observações sumárias tecidas a respeito deles, por autores que, semelhantemente a Platão e Aristóteles, não os viam com bons olhos. A única obra histórica da Antiguidade sobre os sofistas, surgida no século II, é *Vidas dos sofistas*, de Filóstrato (170-250) – sofista grego de nascimento (Atenas), mas já inserido no Império Romano. Sua obra infelizmente padece de graves deficiências, pois os caprichos e o entusiasmo do autor tendenciam o livro a ser mais uma obra de ficção do que um tratado de história. Um outro problema de Filóstrato é que ele fornece muita informação sobre grande número de sofistas próximos a si (no tempo), mas pouca informação sobre os grandes representantes da sofística grega dos séculos V e IV a.C.

2. O padre jesuíta, filósofo, geólogo e paleontólogo Teilhard de Chardin (1881-1955), em uma Conferência em Pequim/China, no dia 28 de dezembro de 1943, teceu um interessante comentário sobre a felicidade, que para nós é digno de menção:

> Suponhamos excursionistas que partiram para a escalada de um pico assaz difícil, e consideremos o seu grupo algumas horas antes de começar a subida. Nesse momento pode-se imaginar que a equipe esteja dividida em três tipos de elementos.

Uns lamentam haver deixado o albergue. A fadiga e os perigos lhes parecem desproporcionais ao interesse do êxito. Decidem voltar atrás.

Outros não se arrependem de haver partido. O Sol brilha, a vista é linda. Mas para que subir mais alto? Não é melhor aproveitar a montanha onde estão, em pleno prado ou em pleno bosque? E eles se estendem na grama ou exploram os arredores, enquanto esperam a hora do piquenique.

Outros, enfim, os verdadeiros alpinistas, não tiram os olhos dos cimos que juraram a si mesmos alcançar. E seguem adiante.

Fatigados – boas-vidas – entusiastas.

Três tipos de Homens que cada um de nós carrega em germe no seu íntimo – e entre os quais de fato divide-se, desde sempre, a Humanidade à nossa volta.

1. Os Fatigados (ou Pessimistas).

Para essa primeira categoria de Homem, a existência é um erro ou um malogro. Somos mal engajados, e, por conseguinte, trata-se de cair fora o mais habilmente possível. [...] Tudo isso é dizer, ao menos implicitamente, que vale mais ser menos do que ser mais – e que melhor seria não ser de vez.

2. Os Boas-vidas (ou Desfrutadores).

Para os indivíduos dessa segunda espécie, certamente vale mais ser do que não ser. Mas, atenção, "ser" toma então um sentido bem particular. Ser, viver, para os discípulos dessa escola, não é agir, mas saciar-se do instante presente. Usufruir de cada momento e de cada coisa, avaramente, sem nada deixar que se perca, e, sobretudo, sem se preocupar em mudar de plano. [...] Que venha a saciedade: virar-nos-emos na relva, esticaremos as pernas, variaremos de perspectiva; e fazendo isso, ademais, não deixaremos de fluir.

3. Os Entusiastas.

Aqueles, quero dizer, para quem viver é uma ascensão e uma descoberta. Para os Homens que constituem essa terceira categoria não apenas vale mais ser do que não ser, mas ainda é sempre possível, exclusivamente interessante, vir a ser mais. Aos olhos dos apaixonados conquistadores de aventuras, o ser é inesgotável, [...] como um foco de calor e de luz de que é possível acercar-se sempre mais. Podemos rir desses Homens, tratá-los de ingênuos ou considerá-los incomodativos. Mas, esperando, foram eles que nos fizeram, e é deles que se prepara para sair a Terra de amanhã.

Pessimismo e retorno ao passado; fruição do momento presente; arremesso em direção ao futuro. Três atitudes fundamentais, insisto eu, diante da Vida:

I) Felicidade de tranquilidade. Nada de aborrecimento, nada de riscos, nada de esforços. [Esses descobriram *a* Deus *no* mundo].

II) Felicidade de prazer. Prazer imóvel ou, melhor ainda, prazer continuamente renovado. A finalidade da vida não é agir e criar, mas aproveitar. [Esses descobriram *o* Deus *do* mundo].

III) Felicidade de crescimento. Desse terceiro ponto de vista, a felicidade não existe nem vale por si mesma, como um objeto que pudéssemos perseguir e alcançar em si; mas é apenas o sinal, o efeito e como que recompensa da ação convenientemente dirigida. [Esses descobriram *o* mundo *de* Deus].

Pois bem. Neste livro abordaremos os três tipos de indivíduos. Os Fatigados ou Pessimistas, que estarão contextualizados nesta obra no Capítulo 6 ("Amolamento de caráter"), embora falaremos deles aqui mesmo, rapidamente, em forma de conto. Os Boas-vidas não analisaremos neste livro, doravante, conquanto iremos também tecer comentários sobre eles daqui a pouco. Sobre os Entusiastas, iremos trabalhar com mais afinco, nesta obra, no Capítulo 9 ("Ideal superior"), embora tragamos, outrossim, um conto para ilustrar esses Homens corajosos e intrépidos.

Os Pessimistas, representados aqui como uma *rosa*, podem ser resumidos na seguinte estória:

> A aurora, azul e límpida, lembrava uma água-marinha, quando ouve singular diálogo. O orvalho adornara, com seus brilhantes matinais, todo o jardim à beira-mar. Balançando-se em sua frágil haste, uma rosa dourada radiava beleza e fragrância. Dir-se-ia que todo o ouro do Sol se concentrara em suas pétalas amarelas.
>
> A seus pés, fugitiva da maré alta, repousava uma ostra. Ao vê-la, disse-lhe a rosa:
>
> – Como podes viver com esse asqueroso aspecto?
>
> – Conforme Deus o quer – disse a ostra.
>
> – Não te rebelas contra a Justiça divina que fez a ti e a mim?
>
> – Rendo-lhe graças por te ter feito assim perfumada e linda – respondeu a ostra.
>
> – Não me invejas a beleza?
>
> – Que é inveja?
>
> – É desejar, com ânsia, os bens do próximo.
>
> – Não invejo ninguém, então – falou, de forma serena, a ostra.
>
> – Nem a mim? – perguntou a rosa.
>
> – Admiro-te! És um poema pleno de essência, beleza e colorido – falou, novamente com propriedade, a ostra.
>
> – Tu me inspiras compaixão, piedade... Nasceste tão feia! Eu não poderia viver com o teu aspecto – falou em tom de soberba a rosa.
>
> – Por isso vives tão pouco, rosa. Quando a tua beleza fenece, morres.

— Sim, morrerei com minha beleza! Ela é a razão do meu existir. Faltando-me, falta-me a Vida – disse a rosa, meio que sem graça.
— E desse teu colorido, do teu perfume, nada deixas à Terra? – perguntou curiosa a ostra.
— Nada. Tudo morre comigo.
— Que pena – disse a ostra.
— Tu me lastimas, desprezível ostra? Tu, horrenda e feia? De mim ainda fica à Terra a lembrança de minha beleza. E de ti, que sobra a ela?

Humilde, a ostra não respondeu. Afastou-se, com vagar, em direção ao mar.

Sobre a areia do jardim, junto de uma pétala amarela que se desprendera, anunciando a morte da rosa, uma pérola fulgurava. Parecia uma estrela caída do céu.

Os Boas-vidas, aqui, equivalem aos chamados hedonistas. Não a Escola fundada por Aristipo de Cirene (435-356 a.C.), que distinguia dois estados da alma humana: o prazer e a dor. Segundo ele, o prazer tem sempre a mesma qualidade, e o único caminho para a felicidade é a busca do prazer e a diminuição da dor.

Um dos continuadores da ideologia hedonista foi o filósofo da ilha de Samos – Epicuro (341-270 a.C.). Para ele, o verdadeiro prazer está na falta de sofrimento. Dessa forma, o caminho para a felicidade consistia não na busca de prazer, mas na libertação do sofrimento, da dor.

Doravante, de forma infeliz, por não compreenderem a sua sapiência, o ideal epicurista, também chamado hedonista, sofreu violenta transformação, passando essa escola a representar um conceito deprimente, porquanto expressava o gozo, a posse material, o prazer sensual. Vivem chafurdando-se na matéria, sempre na busca de serem interessantes, usurpadores, assaz falantes, não se ocupam com a verdade, etc. Esses são os desfrutadores da ilusão, que nos

A Dor do Amor   51

cabe uma fábula sobre um fruto chamado *romã* – bem comum no Mediterrâneo Oriental (Turquia, Grécia, Egito) e Médio Oriente (Arábia Saudita e Irã):

> Uma vez quando habitava no coração de uma romã, ouvi uma semente dizer:
> – Um dia, tornar-me-ei uma árvore, e o vento cantará em meus galhos, e o sol dançará em minhas folhas, e eu serei forte e bonita através das estações.
> Então uma outra semente falou:
> – Quando eu era jovem que nem você, também pensava assim; mas agora que posso pensar e medir as coisas, vejo que as minhas esperanças foram vãs.
> E uma terceira semente também falou:
> – Eu não vejo nada em nós que prometa um futuro maior!
> E a quarta disse:
> – Mas que gozação seria nossa vida sem um futuro maior!
> Disse uma quinta:
> – Por que brigar sobre o que seremos, quando nem mesmo sabemos o que somos?
> Mas uma sexta respondeu:
> – Aquilo que somos, continuaremos a sê-lo.
> E uma sétima disse:
> – Eu tenho uma ideia nítida de como tudo será, mas não posso traduzi-la em palavras.
> Então uma oitava falou, e a nona, e a décima, e muitas outras até estarem todas falando, e eu não podia distinguir nada por serem tantas vozes. Então mudei-me nesse mesmo dia para o coração de um marmelo, onde as sementes são poucas e quase silenciosas.

Por fim, abordaremos os Entusiastas em uma modesta flor tropical, mas que exala um perfume inebriante mesmo se encontrando escondida debaixo de outras plantas – a violeta. Seu enredo é notável:

Havia num bosque isolado uma bonita violeta que vivia satisfeita entre suas companheiras. Certa manhã, levantou a cabeça e viu uma rosa que se balançava acima dela, radiante e orgulhosa. Gemeu a violeta, dizendo:

– Pouca sorte tenho eu entre as flores: humilde é meu destino! Vivo pegada à terra, e não posso levantar a face para o sol como fazem as rosas.

A Natureza ouviu, e disse à violeta:

– Que te aconteceu, filhinha? As vãs ambições apoderaram-se de ti?

– Suplico-te, ó Mãe poderosa – disse a violeta. – Transforma-me em rosa, por um dia só que seja.

– Tu não sabes o que estás pedindo – retrucou a Natureza. – Ignoras o que se esconde de infortúnios atrás das aparentes grandezas.

– Transforma-me numa rosa esbelta e alta – insistiu a violeta. – E tudo o que me acontecer será a consequência dos meus próprios desejos e aspirações.

A Natureza estendeu sua mão mágica, e a violeta tornou-se uma rosa suntuosa.

Na tarde daquele dia, o céu escureceu-se e os ventos e a chuva devastaram o bosque. As árvores e as rosas foram abatidas. Somente as humildes violetas escaparam ao massacre.

E uma delas, olhando em volta de si, gritou às suas companheiras:

– Ei, vejam o que a tempestade fez das grandes plantas que se levantam com orgulho e impertinência.

– Nós nos apegamos à terra; mas escapamos à fúria dos furacões – disse a outra.

– Somos pequenas e humildes; mas as tempestades nada podem contra nós – disse uma terceira.

Então a rainha das violetas viu a rosa que tinha sido violeta estendida no chão como morta. E disse:

– Vejam e meditem, minhas filhas, sobre a sorte da violeta que as ambições iludiram. Que seu infortúnio lhes sirva de exemplo!

Ouvindo essas palavras, a rosa agonizante estremeceu, e, apelando para todas as suas forças, disse com voz entrecortada:

– Ouvi, vós, ignorantes, satisfeitas, covardes. Ontem, eu era como vós, humilde e segura. Mas a satisfação que me protegia também me limitava. Podia continuar a viver como vós, pegada à terra, até que o inverno me envolvesse em sua neve e me levasse para o silêncio eterno sem que soubesse dos segredos e glórias da vida mais do que as inúmeras gerações de violetas, desde que houve violetas. Mas escutei no silêncio da noite e ouvi o mundo superior dizer a este mundo: "O alvo da vida é atingir o que há além da vida". Pedi então à Natureza, que nada mais é do que a exteriorização de nossos sonhos invisíveis, transformar-me em rosa. E a Natureza acedeu ao meu desejo. Vivi uma hora como rosa. Vivi uma hora como rainha. Vi o mundo pelos olhos das rosas. Ouvi a melodia do éter com o ouvido das rosas. Acariciei a luz com as pétalas das rosas. Pode alguma de vós vangloriar-se de tal honra? Morro agora, levando na alma o que nenhuma alma de violeta jamais experimentara. Morro sabendo o que há atrás dos horizontes estreitos onde nascera. É esse o alvo da vida.

E nós, caro leitor? Qual é o alvo da nossa vida? Assemelhamo-nos à violeta que desejou ser uma rosa? As pessoas não devem ser julgadas pelo que são, **mas antes pelo que desejam ser**.

Quando Jesus encontrou, nos caminhos da sua peregrinação terrestre, a "pecadora possessa de sete demônios" – Maria de Magdala, uma Madalena (?-†) –, não lhe perguntou o que ela fora, mas sim o que ela queria ser. Imensamente triste era aquilo que aquela Madalena fora, mas divinamente belo o que ela queria ser.

Outro exemplo: o orgulho de Saulo de Tarso (5 d.C.-64/65 d.C.) foi rendido pelo amor do Cristo, na representatividade do Crucificado. Ele mesmo disse:

> Não que eu tenha já atingido o alvo e a perfeição; mas vou-lhe à conquista e quisera atingi-lo; pois que também eu fui atingido por Cristo Jesus. Meus irmãos, não tenho a pretensão de haver já atingido o alvo. Uma coisa, porém, não deixo de fazer: lanço ao olvido o que fica para trás e tiro-me ao que tenho diante. (Fl 3: 2-14)

E o Convertido de Milão? A luxúria de Agostinho (354-430) foi capitulada, ante a ofensiva de um grande idealismo. E a respeito desse africano de Tagaste, filho de Mônica (331-387) e Patrício (?-†), pedimos licença para dizer que não há literatura do mundo descritivo igual a *Confissões*. Nesta obra, Agostinho faz alusão de seu estado psíquico, em um vaivém de esperanças e desânimos, de ofensiva e defensiva, de vitórias e derrotas. Nenhum Homem soube pintar com dramática plasticidade a silenciosa peleja entre ele mesmo (o *Eu*) e seu *Ego*, que se digladiam, dentro do Homem, sempre arrastado à terra da prepotência dos sentidos e sempre arrebatado ao céu pela veemência do espírito. Sugerimos a leitura da obra *O convertido de Milão* (Editora AGE, 2024), de nossa autoria.

Francisco Bernardone (1181-1226) vivia uma existência frívola e atormentada; apesar disso, doou-se, e, superando-se, tornou-se Sol medieval a clarear o futuro da Humanidade. Ei-lo surgindo como Francisco de Assis.

Nós somos o nosso ideal, amigo leitor. Esse é o alvo da vida!

ABENÇOADA DOR

A dor é a purificação suprema,
é a escola em que se aprendem a paciência,
a resignação e todos os deveres austeros.
– LÉON DENIS

O educador Pedro de Camargo (1878-1966), cujo pseudônimo fora Vinícius, no seu livro *Em torno do mestre*, subtítulo *A dor*, diz:

> Será a dor um bem? Será um mal? Se é um bem, porque a consideramos como – indesejável? – Se é um mal, por que Deus fez dela o patrimônio comum da Humanidade? Será a dor punição ou castigo? Então, como se explica atinja ela os bons e de sua influência não escapem os justos? De outra sorte, como se entende que a vida dos maus, senão sempre, muitas vezes transcorra menos árida e penosa que a dos que procuram viver segundo a justiça?

Responderemos com as considerações do Espírito Victor Hugo, em sua obra *Dor suprema*, Livro VII, Capítulo II, através da mediunidade de Zilda Gama (1878-1969), que assim argui:

> Eis por que muito parece que os bons padecem mais acerbamente do que os perversos. Estes são almas neófitas; ta-

teiam nas trevas dos erros lamentáveis; cometem atrocidades, absorvidos pelo sorvedouro do mal; aqueles, os bons, são os arrependidos de muitos delitos praticados contra o próximo; os que se comprometeram a proceder impecavelmente na arena terrestre, disseminando o bem e recebendo o mal dos beneficiados; semeando bênçãos e consolações e colhendo, sempre, ingratidões e injustiças! Por quê? Deus, o magistrado incorrupto, terá um átomo de imperfeição? Absurdo! Suas sentenças são exaradas de acordo com as ações cometidas. Severas são as provas para a remissão; mas felizes os que perseveram na probidade sem desfalecimentos, sem revoltas, cumprindo nobremente a sentença até o final, resgatando delitos com o austero cumprimento de todos os deveres morais e espirituais!

Ademais, contribui Léon Denis:

A lei de justiça não é mais que o funcionamento da ordem moral universal, as penas e os castigos representam a reação da Natureza ultrajada e violentada em seus princípios eternos. As forças do Universo são solidárias, repercutem e vibram unissonamente. Toda potência moral reage sobre aquele que a infringir e proporcionalmente ao seu modo de ação. Deus não fere a pessoa alguma; apenas deixa ao tempo o cuidado de fazer dimanar os efeitos de suas causas. O Homem é, portanto, o seu próprio juiz, porque, segundo o uso ou o abuso de sua liberdade, torna-se feliz ou desditoso. Às vezes, o resultado de seus atos faz-se esperar. Vemos neste mundo criminosos calcarem sua consciência, zombarem das leis, viverem e morrerem cercados de respeito, ao mesmo tempo que pessoas honestas são perseguidas pela adversidade e pela calúnia! Daí, a necessidade das vidas futuras, em cujo percurso o princípio de justiça encontra a sua aplicação e onde o estado moral do ser encontra o seu equilíbrio. Sem esse complemento necessário, não haveria motivo para a existência atual, e quase todos os nossos atos ficariam sem punição. (*Depois da morte*, Quarta Parte, Cap. XXXIX)

E mais a frente, diz:

O sofrimento é lei em nosso mundo. Em todas as condições, em todas as idades, sob todos os climas, o Homem tem padecido, a Humanidade tem derramado lágrimas. Apesar dos progressos sociais, milhões de seres gravitam ainda sob o jugo da dor. As classes elevadas também não têm sido isentas desses males. Entre os Espíritos cultivados as impressões são mais dolorosas, porque a sensibilidade está mais esmerada, mais apurada. O rico, assim como o pobre, sofre material e moralmente. De todos os pontos do globo o clamor humano sobe ao Espaço.

[...] A dor, sob suas múltiplas formas, é o remédio supremo para as imperfeições, para as enfermidades da alma. Sem ela não é possível a cura. Assim como as moléstias orgânicas são muitas vezes resultantes dos nossos excessos, assim também as provas morais que nos atingem são consequentes das nossas faltas passadas. Cedo ou tarde, essas faltas recairão sobre nós com suas deduções lógicas. É a lei de justiça, de equilíbrio moral. Saibamos aceitar os seus efeitos como se fossem remédios amargos, operações dolorosas que devem restituir a saúde, a agilidade ao nosso corpo. Embora sejamos acabrunhados pelos desgostos, pelas humilhações e pela ruína, devemos sempre suportá-los com paciência. O lavrador rasga o seio da terra para daí fazer brotar a messe dourada. Assim a nossa alma, depois de desbastada, também se tornará exuberante em frutos morais.

[...] A ignorância das leis universais faz-nos ter aversão aos nossos males. Se compreendêssemos quanto esses males são necessários ao nosso adiantamento, se soubéssemos saboreá-los em seu amargor, não mais nos pareceriam um fardo. Porém, todos odiamos a dor e só apreciamos a sua utilidade quando deixamos o mundo onde se exerce o seu império. Ela faz jorrar de nós tesouros de piedade, de carinho e afeição. Esses que não a têm conhecido estão sem méritos; sua alma foi preparada muito superficialmente. Nesses, coisa alguma está enraizada: nem o sentimento nem a razão. Visto não terem passado pelo sofrimento, permanecem indiferentes, insensíveis aos males alheios.

[...] A nova fé resolveu o grande problema da depuração pela dor. As vozes dos Espíritos animam-nos nas ocasiões críticas. Esses mesmos que suportaram todas as agonias da existência terrestre dizem-nos hoje:

> *Padeci, e só os sofrimentos é que me tornaram feliz. Resgataram muitos anos de luxo e de ociosidade. A dor levou-me a meditar, a orar e, no meio dos inebriamentos do prazer, jamais a reflexão salutar deixou de penetrar minha alma, jamais a prece deixou de ser balbuciada pelos meus lábios. Abençoadas sejam as minhas provações, pois finalmente elas me abriram o caminho que conduz à sabedoria e à verdade.* (Mensagem mediúnica recebida pelo autor). (Léon Denis, *Depois da morte*, Quinta Parte, Cap. L)

E incansável, assevera de outra maneira:

Conforme mostramos em outra parte [referindo-se ao livro *Depois da morte*], o sofrimento é um meio poderoso de educação para as almas, pois desenvolve a sensibilidade, que já é, por si mesma, um acréscimo de vida. Por vezes, é uma forma de justiça, corretivo a nossos atos anteriores e longínquos. (Léon Denis, *O grande enigma*, Cap. IX)

Alude o Espírito Ramatís, em seu livro *Sob a luz do espiritismo*, Capítulo I:

A dor e o sofrimento são técnicas pedagógicas para o aprimoramento do ser em seu processo evolutivo, e também consequentes a seus equívocos nas múltiplas vidas [físicas]. A dor dinamiza as energias sutis do sofredor, herdadas pelo sopro divino, despertando nele, depois da revolta inicial, a reflexão dos porquês de sua desdita e fazendo-o procurar na razão e na fé novos rumos que, psicologicamente, o aliviam do sofrimento. Em síntese, o padecimento é uma reação, previamente consentida, para trazer o eterno postulante para a senda da evolução espiritual, através de novo conceitos religiosos, filosóficos e morais, os quais lhe dão outro sentido vivencial.

[...] Durante o processo de aperfeiçoamento e expansão de sua consciência [melhor dizendo *da* consciência], o Espírito tem de sofrer as injunções naturais do mundo onde atua. E essa luta através da organização carnal provoca reações pacíficas ou rebeldes, calmas ou dolorosas, que serve de aprendizado no campo da vida eterna do Espírito.

O Homem, no estado rudimentar de sua evolução, pode ser comparado ao diamante bruto, espiritualmente, porém para eliminar as impurezas, perder as arestas dos defeitos anímicos e atingir a beleza radiosa do brilhante, precisa do atrito do esmeril da dor e da ação desse lapidário incomparável, o tempo.

Nos mundos mais evoluídos, usa a camurça macia do amor traduzido em serviço ao próximo.

Somos movidos pela dor, enquanto ainda não efetuarmos a imprescindível mudança de sentimentos. Ó bendita reencarnação! Apenas a Lei Divina (em nosso planeta) das múltiplas e penosas vidas sucessivas – conhecida há milênios, por meio da qual a Justiça Suprema é sempre exercida com imparcialidade – pode explicar tais questionamentos.[1]

A despeito disso, uma coisa é certa:

> Dificilmente se compreende a conveniência de sofrer para ser feliz. (Allan Kardec, *O Evangelho segundo o Espiritismo*, Cap. V, item 3)

Obviamente, o mestre lionês refere-se ao nosso orbe terrestre e a todos os seus semelhantes no Universo em que se encontram, porque embora o nosso "planeta azul" já esteja na condição de mundo de "regeneração", não olvidamos que a Terra, nesse primeiro minuto da madrugada (ainda escuridão, portanto), é:

> [...] Lama e dor em toda parte. Ignomínia e crime em enxurradas de ódio onde flutuam venenos e pestes. Mentiras e traições emoldurando as telas mentais dos Homens. (Joanna de Ângelis, *Messe de amor*, Cap. XXIII)

O Espírito Emmanuel afirma, sem detença, verdades que poucos Espíritos desencarnados trouxeram à tona, e, de maneira formidável, diz:

A tribulação é a tormenta das almas. Ninguém deveria olvidar-lhe os benefícios. Quando a verdade brilhar, no caminho das criaturas, ver-se-á que obstáculos e sofrimentos não representam espantalho para os homens, mas sim quadros preciosos de lições sublimes que os aprendizes sinceros nunca podem esquecer.

Que seria da criança sem a experiência? que será do espírito sem a necessidade?

Aflições, dificuldades e lutas são forças que compelem à dilatação de poder, ao alargamento de caminho. (*Vinha de luz*, Cap. CXIX)

Na obra *O consolador*, diz Emmanuel:

Pergunta 239. Entre a dor física e a dor moral, qual das duas faz vibrar mais profundamente o espírito humano?

Resposta. Podemos classificar o sofrimento do espírito como a dor-realidade e o tormento físico, de qualquer natureza, como a dor-ilusão.

Em verdade, toda dor física colima o despertar da alma para os seus grandiosos deveres, seja como expressão expiatória, como consequência dos abusos humanos, ou como advertência da natureza material ao dono de um organismo.

Mas, toda dor física é um fenômeno, enquanto que a dor moral é essência.

Daí a razão por que a primeira vem e passa, ainda que se faça acompanhar das transições de morte dos órgãos materiais, e só a dor espiritual é bastante grande e profunda para promover o luminoso trabalho do aperfeiçoamento e da redenção.

E mais à frente, assevera:

Pergunta 241. Onde o maior auxílio para nossa redenção espiritual?

Resposta. No trabalho de nossa redenção individual ou coletiva, a dor é sempre o elemento amigo e indispensável. E a redenção de um Espírito encarnado, na Terra, consiste no resgate de todas as dívidas, com a consequente aquisição de valores morais passíveis de serem conquistados nas lutas planetárias, situação essa que eleva as personalidades espirituais a novos e mais sublimes horizontes na vida no Infinito.

Diz o Espírito Joanna de Ângelis:

> Na raiz de qualquer tipo de sofrimento sempre será encontrado como seu autor o próprio Espírito, que se conduziu erroneamente, trocando o mecanismo do amor pela dor, no processo da sua evolução.
>
> A fim de apressar a recuperação, eis que se inverte a ordem dos acontecimentos, **sendo a dor o meio de levá-lo de volta ao amor,** por cuja trilha se faz pleno. (*Plenitude*, Cap. III)

Adolfo Bezerra de Menezes Cavalcanti (1831-1900), em sua obra *História de um sonho*, Capítulo XXVI, diz:

> A dor é uma esmola que o Senhor manda a seus escolhidos, e ai do pobre que, ao recebê-la, não bendiz a mão que a dá com tanta caridade.

Oh, quantas frases de esperança, de acalento e de encorajamento! A dor, que a ninguém está defeso não a sentir, é recuperação dadivosa.

Léon Denis, na sua obra *O problema do ser, do destino e da dor*, Capítulo XXVI, lucidamente escreve:

É muito difícil fazer entender aos Homens que o sofrimento é bom. Cada qual quereria refazer e embelezar a vida à sua vontade, adorná-la com todos os deleites, sem pensar que não há bem sem dor, ascensão sem suores e esforços.

[...] É na dor que mais sobressaem os cânticos da alma.

[...] O mais nobre ensinamento que se pode apresentar aos homens não é a memória daqueles que sofreram e morreram pela verdade e pela justiça?

[...] É, como nos ensinaram essas almas, pela dedicação, pelo sofrimento dignamente suportados que se sobem os caminhos do Céu. A história do mundo não é outra coisa mais que a sagração do Espírito pela dor. Sem ela, não pode haver virtude completa, nem glória imperecível.

[...] Aqueles que não sofreram, mal podem compreender estas coisas, porque, neles, só a superfície do ser está arroteada, valorizada. Há falta de largueza em seus corações, de efusão em seus sentimentos; seu pensamento abrange horizontes acanhados. São necessários os infortúnios e as angústias para dar à alma seu aveludado, sua beleza moral, para despertar seus sentidos adormecidos. A vida dolorosa é um alambique onde se destilam os seres para mundos melhores. A forma, como o coração, tudo se embeleza por ter sofrido. Há, já nesta vida, um não sei quê de grave e enternecido nos rostos que as lágrimas sulcaram muitas vezes. Tomam uma expressão de beleza austera, uma espécie de majestade que impressiona e seduz.

O filósofo espiritualista reitera o que disse acima, mas agora em outra obra, de forma espetacular:

Não imitemos esses que maldizem a dor e que, nas suas imprecações contra a vida, recusam admitir que o sofrimento seja um bem. Desejariam levar uma existência a gosto, toda de bem-estar e de repouso, sem compreenderem que o bem adquirido sem esforço não tem nenhum valor e que, para apreciar a felicidade, é necessário saber-se quanto ela custa. O sofrimento é o instrumento de toda elevação, é o único meio de nos arrancarmos à indiferença, à volúpia. É o que esculpe nossa alma, lhe dá mais pura forma, beleza mais perfeita.

[...] Tal o destino do maior número neste mundo. Debaixo de um céu algumas vezes sulcado de raios, é preciso seguir o caminho árduo, com os pés dilacerados pelas pedras e pelos espinhos. Um espírito de vestes lutuosas guia os nossos passos; é a dor santa que devemos abençoar, porque só ela sacode e desprende-nos o ser das futilidades com que este gosta de paramentar-se, torna-o apto a sentir o que é verdadeiramente nobre e belo. (Léon Denis, *Depois da morte*, Primeira Parte, Cap. XIII)

Assevera o Espírito Joanna de Ângelis, no livro *Messe de amor*, Capítulo IX:

A dor, anônima e silenciosa, é a base do êxito de qualquer empreendimento.

Deve parecer, ao leitor atento, que estamos fazendo apologia **à dor bem sentida e bem vivida**. Sim; você tem toda a razão, porquanto:

A dor não fere somente os culpados. Em nosso mundo, **o Homem honrado sofre tanto como o mau**, o que é explicável. Em primeiro lugar, a alma virtuosa é mais sensível por ser mais adiantado o seu grau de evolução; depois, **estima muitas vezes e procura a dor, por lhe conhecer** todo o valor. [...] **Quanto mais o ser humano se aperfeiçoa, tanto mais admiráveis se tornam nele os frutos da dor**. (Léon Denis, *O problema do ser, do destino e da dor*, Cap. XXVI)²

E mais:

Deus criou todos os Homens iguais para a dor. Pequenos ou grandes, ignorantes ou instruídos, sofrem todos pelas mesmas causas, a fim de que cada um julgue em sã consciência o mal que pode fazer. Com relação ao bem, infinitamente vário nas suas expressões, não é o mesmo o critério. **A igualdade em face da dor é uma sublime providência de Deus, que quer que todos os seus filhos, instruídos pela experiência comum, não pratiquem o mal, alegando ignorância de seus efeitos**. (Lázaro, *O Evangelho segundo o Espiritismo*, Cap. XVII, item 7)³

Assim alude Victor Hugo (Espírito), na obra *Dor suprema*, Livro III, Capítulo VIII:

Quem, pois, se isentará da dor no planeta das lágrimas, se é ela que nos eleva das trevas para a luz eterna? Por que não se resigna a criatura humana com alguns instantes de intensa angústia, se é ela, a dor, que faceta a alma, qual buril ao diamante; se é ela o mago que descerra os pórticos da ventura ilimitada que só os redimidos soem fruir nas regiões siderais? Saber sofrer é a ciência do justo.

Posto isso, não podemos negar que:

A dor é uma bênção que Deus envia a seus eleitos. (Um Espírito amigo, *O Evangelho segundo o Espiritismo*, Cap. IX, item 7)

O Espírito Joanna de Ângelis tece um comentário assaz interessante, no livro *Plenitude*, na Introdução da obra:

> O Espírito necessita lapidar as arestas que lhe encobrem a luminosidade, e, para tal, o sofrimento se apresenta como ocorrência normal, que o conhecimento e a força de vontade conseguem conduzir com equilíbrio, alcançando a finalidade sublime a que se encontra destinado.
>
> O sofrimento, por outro lado, está vinculado à sensibilidade de cada um, variando, portanto, e adquirindo dimensões diversas. **A dor do bruto apresenta-se asselvajada e perturbadora, explodindo em agressividade e loucura. O sofrimento do esteta e do santo se expressa como anseio de libertação e crescimento íntimo**.

E por que a maioria das criaturas humanas (brutas) não enxerga o sofrimento como Graça Divina, como anseio de libertação, de crescimento íntimo? Porque são pusilânimes e não tem a vontade de suportar as grandes provações que a vida material, invariavelmente, a todos apresenta. São poucos os que se se deixam tomar pelo desespero extremo e a tudo enfrentando, com resignação e paciência. Isso acontece porquanto a Humanidade, de modo geral, raramente dá-se conta de que o sofrimento é fator de aprimoramento moral, constituindo-se instrumento do processo de evolução espiritual, dentro da Lei do Progresso. Aqui cabe o questionamento que o Codificador do Espiritismo fizera os imortais:

> Pergunta 196. Não podendo os Espíritos aperfeiçoar-se, a não ser por meio das tribulações da existência corpórea,

segue-se que a vida material seja uma espécie de crisol ou de depurador, por onde têm que passar todos os seres do mundo espírita para alcançarem a perfeição?

Resposta. Sim, é exatamente isso. Eles se melhoram nessas provas, evitando o mal e praticando o bem; porém, somente ao cabo de mais ou menos longo tempo, conforme os esforços que empreguem; somente após muitas encarnações ou depurações sucessivas, atingem a finalidade para que tendem. (*O livro dos espíritos*)

Não obstante, a dor nos parece absurda ou má porque dela temos um conhecimento parcial, e somos completamente ignorantes quanto à ordem e à coerência da natureza na totalidade. Infelizmente, o ser desconhece que é na forja incandescente da dor que se enrija a têmpera das almas; e no cadinho ardente das lágrimas se despojam elas dos detritos do mal, a fim de que tenham a consistência e a pureza dos diamantes divinos, lapidados pelo buril mágico da virtude, do dever e do labor.

Sua Voz, em *A grande síntese*, no Capítulo LIX, diz com propriedade que:

> Só a dor sabe descer ao âmago da alma e arrancar-lhe o grito, com o qual ela se reconhece a si mesma; só ela sabe despertar-lhe toda a potência oculta e fazê-la encontrar, no fundo do abismo íntimo, sua divina e profunda natureza.

Raciocinemos. Quando pagamos uma conta que estávamos devendo, ficamos alegres. Assim, quando nos apercebermos que a reencarnação é a oportunidade de debitarmos nossas dívidas, também ficaremos felizes e encararemos a dor de outra maneira.

Allan Kardec, em *O Evangelho segundo o Espiritismo*, Capítulo V, item 12, abordando o título *Motivos de resignação*, diz que:

> O homem que sofre assemelha-se a um devedor de avultada soma, a quem o credor diz: "Se me pagares hoje mesmo a centésima parte do teu débito, quitar-te-ei do restante e ficarás livre; se o não fizeres, atormentar-te-ei, até que pagues a última parcela." Não se sentiria feliz o devedor por suportar toda a espécie de privações para se libertar, pagando apenas a centésima parte do que deve? Em vez de se queixar do seu credor, não lhe ficará agradecido?

Sendo assim:

> Não vos inquieteis, pois, quando o sofrimento as suas garras aduncas em vossos corações... Abençoai-o. Amai-o. É o nosso consócio [companheiro] incessante nos prélios [combates] desse planeta. Não nos abandona nunca, ao inverso da alegria, que, raramente, adeja sobre nossas fontes, e, logo, alça voo para as distantes paragens onde não há erro, o delito, o ódio! (Victor Hugo, *Dor suprema*, Livro VII, Cap. XVIII)

Sua Voz, agora no livro *Grandes mensagens*, no subtítulo *Mensagem de Natal*, psicografada por Pietro Ubaldi (1886-1972), em 1931, diz:

> A lei de justiça, aspecto de equilíbrio universal, sob cujo governo tudo se realiza, inclusive em vosso mundo, quer que o equilíbrio seja restaurado e que as culpas e os erros sejam corrigidos pela dor. O que chamais de mal, de injustiça, é a natural e justa reação que neutra-

liza os efeitos de vossas obras. Tudo é desejado, tudo é merecido, embora não estejais preparados para recordar o "como" e o "quando". De dor está cheio o mundo, porque é mundo selvagem, lugar de sofrimento e de provas; mas não temais a dor, que é a única coisa verdadeiramente grande que possuís. É o instrumento que tendes para a conquista de vossa redenção e de vossa libertação.[4]

Mais à frente, na *Mensagem da ressurreição*, da Páscoa de 1932, Sua voz assevera:

A dor é uma força que vos constrange a refletir e a buscar em vós mesmos a verdade esquecida. É imposição de novo progresso.

Abraça, com alegria, esse grande trabalho que te chama as realizações mais amplas. Se não fosse a dor, quem te forçaria a evolver para formas de vida e de felicidade mais completas?

Não te rebeles, pelo contrário, ama a dor. Ela não é a vingança de Deus e sim o esforço que vos é imposto para uma conquista vossa.

Não a amaldiçoes, mas apressa-te a pagar o débito contraído pelo abuso da liberdade que Deus te deu para que fosse consciente. Abençoa essa força salutar que, superando as barreiras humanas, sem distinção transpõe todas as portas, penetra o que é secreto, fere, comanda e dispõe, e por todos se faz compreender. Abraça a dor, ama-a, e ela perderá sua força.

[...] Não procures nos outros a origem de tua dor, mas, sim, em ti mesmo, e arrepende-te. Lembra-te de que a dor não é eterna, porém, é uma prova que dura até que se esgote a causa que a gerou. Tua dor é avaliada e não irá, jamais, além de tuas forças.

Quando Jesus disse, no Sermão do Monte: "Bem-aventurados os que choram [os aflitos, os tristes], porque eles serão consolados" (Mt 5:4), não se referia de modo geral aos que sofrem, visto que todos os que se encontram na Terra sofrem (cf. Lacordaire, *O Evangelho segundo o Espiritismo*, Cap. V, item 18). Por nossa condição moral ainda imperfeita, somos verdadeiros mundos em miniatura. Contemos abismos de impurezas, vulcões de paixões, e, às vezes, ocorrem em nosso próprio íntimo catástrofes pavorosas que só nós percebemos. Existem radiosidades e trevas, antros de sombras e céus venezianos em cada recôndito de alma.

Malgrado, coragem prezado leitor. Não há situações desesperadoras; há, sim, pessoas que se desesperam em certas situações. Ora, justo quando a lagarta achava que o mundo tinha acabado, ela virou borboleta. Deus é o Senhor da Vida, Jesus é o médico, nós somos os enfermos. Deus é misericordioso, Jesus é o lenitivo, e nós os miseráveis da alma. Não é uma provação a vida na Terra? Quem de nós deseja trabalhos e dificuldades? A Lei pede que suportemos essas dificuldades, e não que as amemos! Ninguém ama aquilo que tolera, ainda que ame suportá-lo; mesmo que nos rejubilemos em tolerar, preferimos não ter o que suportar. Em suma: todos sofrem, mas ninguém gosta de sofrer!

Existe quem sofre, fazendo sofrer; os que sofrem em razão do sofrimento alheio; aqueles que sofrem, porque não tem meios para imporem sofrimentos; pessoas que sofrem, em razões de frustrações, amarguras, enfermidades que poderiam diminuir, caso se dispusessem a amar e servir. A alternativa do sofrimento, enquanto se faz o bem, é sempre a melhor.

Há um adágio popular, de possível origem chinesa, talvez dita pelo filósofo Confúcio (551-479 a.C.), e, mais tarde, encontrada na literatura protestante, como frase de Martin Lutero (1483-1546), digno de menção:

Não podemos impedir que as aves voem sobre nossa cabeça, mas podemos impedi-las de fazer ninho sobre a mesma.

Ora, o progresso é individual. Somos capitães de nossa própria alma, arquitetos de nossos próprios destinos. Desse modo, podem parentes e amigos nos seguir até o *Pátio dos Gentios*, mas no *santuário sagrado de Deus* – a consciência – teremos que entrar sozinhos. Nem pai nem filho; nem esposo nem esposa; nem irmão nem amigo; ninguém pode nos acompanhar. Eles ficarão a nos olhar de longe, como no Gólgota os amigos de Jesus.

Nenhuma Verônica (a hemorroíssa – cf. Mc 5:25-34) enxugará as lágrimas de nossos olhos. Nenhum Simão de Cirene (cf. Mt 27:32; Mc 15:21) ajudará a carregar nossa cruz. Nenhum samaritano pensará as chagas de nossa alma (cf. Lc 10:25-37). Sendo assim, mister se faz que atravessemos a sós o grande deserto da existência física. E, logrando êxito, será radioso o fim de nossa vilegiatura carnal, ainda que pese tenhamos os corações repletos de dolorosas recordações. **Ora, as lágrimas são o sangue da alma**. Sentir-nos-emos rejubilados, porque não tememos, enquanto encarnados, a dor libertadora. O sofrimento passa e a força da alma permanece, tudo conforme o traçado do Sempiterno, que não se engana jamais. Confiemos sempre em Deus, mesmo quando tudo pareça desdizer a sua Providência.⁵

Encerramos este texto com a inspiradora mensagem de Léon Denis:

> As aflições mais cruéis, as mais profundas, quando são aceitas com essa submissão, que é o consentimento da razão e do coração, indicam, geralmente, o término dos nossos males, o pagamento da última fração do nosso débito. É o momento decisivo em que nos cumpre permanecer firmes, fazendo apelo a toda a nossa resolução, a toda a nossa energia moral, a fim de sairmos vitoriosos da prova e recolhermos os benefícios que ela nos oferece. (*Depois da morte*, Quinta Parte, Cap. L)

Notas

1. A reencarnação, ensinada pelas grandes escolas filosóficas do passado, e, em nossos dias, pelo Espiritismo, recebe, por via dos investigadores sérios, numerosos subsídios. Graças à experimentação, as profundezas mais recônditas da alma humana entreabrem-se e a nossa própria história parece reconstituir-se, porquanto o postulado das vidas sucessivas não constitui objeto de crença ou fé. Ou existe como realidade racional ou é mera fantasia. O máximo que alguém pode dizer sobre a reencarnação é que a "aceita" ou não. Mas jamais poderá dizer que "acredita" nela ou não. A pluralidade das existências físicas é um princípio científico como o da gravidade ou a equação energética com a qual Albert Einstein (1879-1955) sacudiu as estruturas da Física do século XX.

   Vários pesquisadores de incontestável reputação – espíritas e não espíritas – dedicaram-se com entusiasmo ao estudo da reencarnação. Citaremos apenas alguns.

Entre 1893 e 1910, um engenheiro militar e escritor francês não espírita, o coronel Albert de Rochas (1837-1914), promoveu um série de interessantes experiências das quais ressalta a reencarnação. Seu trabalho consistia em hipnotizar (através de passes longitudinais e transversais) as pessoas e fazer o que se chama regressão de memória, levando o hipnotizado a relatar fatos arquivados na sua memória, desde os mais recentes – uma semana, um mês, um ano – até o mais afastado período, durante a juventude e infância. Aprofundando a hipnose e recuando mais a pesquisa na memória do *sujet*, descobriu que repontavam fatos totalmente desconhecidos da pessoa em estado de vigília. Nessa ocasião, o hipnotizado falava de coisas do passado distante, às vezes em línguas diferentes da que conhecida habitualmente ou em um linguajar arcaico. Pessoas que não admitiam e provavelmente nem sabiam da reencarnação discorriam sobre existências anteriores que teriam vivido alhures. Acordadas e novamente hipnotizadas, voltavam a relembrar os episódios, com citação de nomes, datas e lugares, com a mesma precisão e na mesma sequência cronológica de sempre. Os estudos do coronel Albert de Rochas estão enfeixados no livro *As vidas sucessivas*.

E o brilhante professor de Cambridge Frederic William Henry Myers (1843-1901), líder da Sociedade de Pesquisas Psíquicas de Londres? Ele constatou que o subconsciente não basta para explicar todos os fatos, como imaginavam certos sábios. Ele fora um desses incomuns e equilibrados cientistas. A posição de Myers, em sua obra *Personalidade humana*, é que o Humano Ser tem dupla evolução – a terrestre e a extraterrestre (ou seja, na dimensão póstuma, além do túmulo, extrafísica, espiritual). Dentre vários fenômenos psíquicos que observou, estudou e conceituou, a escrita automática foi a área que Myers mais pesquisou. Disse ele:

O estudo de numerosos casos desse gênero me convenceu de que a hipótese menos improvável é que uma certa influência sobre os habitantes da Terra pode ser exercida pelas personalidades sobreviventes de homens mortos. O que me fortificou nesta crença foi o estudo da escrita automática. Observei que, em todas as variedades desse fenômeno, o conteúdo dessas mensagens parece vir de três fontes diferentes: a primeira de todas é o cérebro daquele que escreve; tudo aquilo que nele entrou pode sair, embora esteja esquecido. A segunda é que há uma pequena proporção de mensagens que parecem telepáticas, isto é, indicam fatos que o autômato ignora completamente, mas que são conhecidos de alguma pessoa viva que está em relação com ele ou assiste à sessão. A terceira é que resta pequeno número de mensagens que me é impossível explicar dos dois modos precedentes: mensagens que contêm fatos desconhecidos daquele que escreve e de seus amigos ou parentes, mas conhecidos de uma pessoa morta, às vezes completamente estranha ao ente vivo que escreve. Não posso neste caso escapar à convicção de que, por mais indiretas que pareçam essas indicações, só à personalidade de um morto podem ser devidas tais mensagens.

E o que dizer de Hamendras Nat Banerjee (1925-1985) – Diretor de Pesquisas do Instituto Indiano de Parapsicologia, na Universidade de Rajasthan, em Jaipur (Índia) –, e do neurologista e psiquiatra Ian Stevenson (1918-2007), da Universidade da Virgínia, que, em suas imparciais pesquisas científicas sobre a reencarnação e palingenesia, acolheram o nome memória-extra-cerebral (ECM), a fim de não formarem resistências prejudiciais em seus estudos de quaisquer fatos que sugerissem que um Homem podia lembrar-se do passado antes da vida uterina?

Hamendras reuniu mais de 1.100 casos de criaturas que diziam lembrar-se de uma vida anterior. Ian recolheu 600 ocorrências do mesmo tipo.

Ressaltamos que Ian Stevenson foi o único cientista de peso a declarar enfaticamente sua convicção na realidade das vidas sucessivas. Claro! Dentro da Ciência, preocupada com o esclarecimento da vida, do Universo, houve sempre o legítimo cientista, ou seja, aquele que, lançando mão dos métodos científicos, prossegue na pesquisa sem espírito prevenido, sem a má vontade dos falsos pesquisadores, e com a lúcida atenção do cérebro e do coração. Ian Stevenson foi um destes.

Foi então, em 1966, que saiu o primeiro livro de Stevenson, cujo título, na tradução para a língua portuguesa, é *Vinte casos sugestivos de reencarnação*, graças ao emérito psicobiofísico Hernani Guimarães Andrade (1913-2003).

2. No livro *Plenitude*, Capítulo III, o Espírito Joanna de Ângelis revela que:

> Há, em nome do amor, casos de **aparentes expiações** – seres mutilados, surdos-mudos, cegos e paralisados, hansenianos e aidéticos, entre outros –, que escolheram essas situações para lecionarem coragem e conforto moral aos enfraquecidos na luta e desolados na redenção.
>
> Jesus, que nunca agiu incorretamente, é o Exemplo Máximo.
>
> Logo após, Francisco de Assis, que elegeu a pobreza e a dor para ascender mais, não expurgava débitos, antes demonstrava-lhes a grandiosidade dos benefícios.
>
> [...] As expiações podem ser atenuadas, não, porém, sanadas.
>
> Enquanto as provações constituem forma de sofrimento reparador que promove, as expiações apenas restauram o equilíbrio perdido, reconduzindo o delituoso à situação em que se encontrava antes da queda brutal.

Transitam, ainda, na Terra, portadores de expiações que não trazem aparência exterior. São os seres que estertoram em conflitos cruéis, instáveis e insatisfeitos, infelizes e arredios, carregando dramas íntimos que os estiolam, afligindo-os sem cessar. **Podem apresentar aparência agradável e conquistar simpatia, sem que se liberem dos estados interiores mortificantes.**

3. Observe o leitor que interessante: o Espírito Joanna de Ângelis, na nota nº 2, cita que existem criaturas humanas que podem passar por dores (físicas e morais), mas não precisam EXPIAR, REPARAR erros de outrora. Coloca, sem engano algum, o Crucificado como exemplo máximo!

   Gostaríamos de aproveitar o ensejo da explicação do venerando Espírito para referirmo-nos ao próprio Lázaro – Espírito que instruiu a comunicação que deu origem a esta nota –, que quando entre nós, à época de Jesus, essa alma luminífera, vinda do orbe de Sírius, tinha a doença hanseníase, não por expiação, mas como exemplo de resignação, submissão à Lei Divina, deixando seu legado como exemplo. Era amigo íntimo de Jesus.

   Há um brocardo, principalmente no meio espírita, que assim diz: "Ou se aprende pelo amor ou se aprende pela dor". Que frase ignara e equivocada, porque na condição de Espíritos inferiores que nos encontramos somente a dor é o cinzel que esculpe nossa alma, fragmentada de lama.

   Nesse planeta chamado *Terra* – o mais involuído do Sistema Solar, incluindo Plutão (embora saibamos que desde o dia 24 de agosto de 2006, quando a União Astronômica Internacional (IAU) aprovou uma proposta apresentada durante sua assembleia anual, que ele, a partir daquele ano, assumiria o *status* de *planeta anão*), e até mesmo Ceres (situado entre Marte e Júpiter) – não se aprende por amor!

Todos os planetas do nosso Sistema Estelar, e vamos incluir os dois planetas anões supracitados, já passaram pela fase de regeneração. E o "planeta azul"? Ah! Ainda se encontra no crepúsculo dela...

Vamos transcrever, abaixo, a frase do Espírito que assumiu a personalidade de Vicente de Paulo, colocada por Allan Kardec em *O Evangelho segundo o Espiritismo*, Capítulo XIII, item 12:

> Homens fortes, armai-vos; Homens fracos, fazei da vossa brandura, da vossa fé, as vossas armas. Sede mais persuasivos, mais constantes na propagação da vossa nova doutrina. Apenas encorajamento é o que vos vimos dar; apenas para vos estimularmos o zelo e as virtudes é que Deus permite nos manifestemos a vós outros. Mas, se cada um o quisesse, bastaria a sua própria vontade e a ajuda de Deus; as manifestações espíritas unicamente se produzem para os de olhos fechados e corações indóceis.

Os Homens fortes são Espíritos que encarnam pela primeira vez em nosso orbe, ou mesmo reencarnam, com a BANDEIRA DO AMOR. São "fortes" por essa razão. Os Homens fracos precisam alicerçarem-se na fé – sempre branda, pacífica – para obterem o estado de alma cujo amor é seu frontispício. Aliás, não há nenhum ser de fé que não ame, e, sob forma alguma, uma alma que ame que não seja de fé – ou seja, não ajam em fidelidade com a Lei Divina.

Obedeçamos, portanto, aos ditames divinos e não seremos jamais desamparados, em hipótese nenhuma, pelos benfeitores espirituais, salvo se nos desviarmos do carreiro luminoso da Honra e do Dever Moral.

E agora, caro leitor? Você ousaria levantar sua mão caso o autor lhe perguntasse se sua situação atual, encarnado, é de um "Homem forte"?

Já sabíamos que não, porquanto se a erguesse estaria em descumprimento com as alvíssaras do Cordeiro de Deus, quando afirmou:

> Pois todo aquele que se exaltar será humilhado, e todo aquele que se humilhar será exaltado. (Lc 14:11)

E acrescentamos:

> Mas o Senhor respondeu-me: Basta-te a minha graça, pois é na fraqueza [no reconhecimento verdadeiro de suas sombras] que a força da graça mostra seu poder. [...] Eis por que me alegro nas fraquezas, nos opróbrios, nas necessidades, nas aflições, nas angústias por amor do Cristo. Pois, quando sou fraco, então sou forte. (2 Co 12:10)

4. Nos sentimos na injunção de fazer esta nota explicativa, para talvez melhor deixar compreendido que a existência física é feita de "erros" e "acertos", sem confundir a evolução moral da alma como sendo um processo recheado de "qualidades" e "defeitos" que mais não são do que uma desculpa psicológica para que o indivíduo permaneça na zona de conforto, e acreditando que os tais *defeitos* irão sendo suprimidos, e, com isso, as chamadas *qualidades* surjam naturalmente.

Já abordamos como funciona a evolução do Espírito nos mundos "primitivos" e de "provas e expiações", na obra *O Humano Ser*, Parte IV (Editora AGE, 2024), de nossa autoria. Nessa literatura, estudada não de forma perfunctória, o leitor aprende (não necessariamente compreende, vive, sente) que o "erro é fruto da ignorância", fazendo parte, impreterivelmente, da Lei do Progresso no Reino Hominal. Avançando, o ser entra na fase da "dor e experimentação", que, entre erros e acertos, evolui não "horizontalmente" (como uma caminhada, uma conquista, uma aquisição, uma tendência), mas "verticalmente" (à guisa de um estado de alma cada vez mais uno com a Lei Divina).

O decurso evolutivo só se inicia quando o Homem "desperta", "vira a chave" (perdoe-nos o aforismo popular), sai da "zona de conforto", do "amolamento de caráter". Infelizmente, a maioria dos terráqueos ainda jaz dessa forma. Somente depois de "atiçado", SEMPRE pela DOR, a criatura humana começa sua ascensão moral.

Vamos trazer, agora, um exemplo elucidativo do *modus operandi* daqueles que já "acordaram" para a Realidade da Vida. Pois bem: imagine o leitor enxergando um indivíduo pulando rolos de cilindros deitados sendo jogados em sua direção. À medida que ele vai saltando o primeiro cilindro, cujo raio é igual a 2, o outro vai chegando com R = 4, e, ato contínuo, R = 6, aproximando-se sucessivamente cada cilindro por vez nessa progressão aritmética. O observador perceberá que aquele *sujet* não sai do lugar; entretanto, alça voos cada vez mais alto à proporção que os raios dos cilindros vão aumentando.

Perguntar-se-ia: pode acontecer que em alguns desses pulos ele não consiga lograr êxito e caia, tropece no cilindro (erre)? Sim; e isso é perfeitamente *normal*, conquanto não *comum*, pois a cada transposição o sedento pelas Verdades Eternas vai ganhando asas (impulsos) maiores, até chegar ao ponto em que é visto pelo examinador como que *pairando no ar*, sem ocupação alguma com os cilindros que, agora, vão rolando abaixo de si, ainda que pese seus raios crescerem até mesmo em progressão geométrica. Suas plumas o mantêm estável – unas com a Criação (com o Cosmos, com a Lei Divina), perdendo-se de vista àqueles que as procuram com os olhos do corpo e não os da alma.

Não nos prendamos, portanto, a um erro cometido no transcurso da vilegiatura carnal, gerando conflitos existenciais que levam o indivíduo a um comportamento de culpa tormentosa (CONSCIENTE), que traz conflitos existenciais, e não mais aquela culpa INCONSCIENTE – "um espículo [aguilhão] vigoroso nas carnes da alma" (Joanna de Ângelis, mensagem psicografada pelo médium Divaldo Pereira Franco, na noite de 7 de julho de 2014, em Dubrovnik, na Croácia) –, que faz o Humano Ser deixar a fase do ERRO/IGNORÂNCIA e transitar para a faixa da DOR/EXPERIMENTAÇÃO.

Ora, o Sol, mesmo com suas manchas, não deixa de ser nossa "estrela-mãe" emanando luz e calor (energia), realizando seu impecável papel de um propulsor que transforma, a cada segundo, 600.000.000 toneladas de hidrogênio em 595.000.000 toneladas de hélio (fusão nuclear). E somente os 5 milhões restantes é que geram energia, sustentando a vida no orbe terráqueo.

Cada cilindro é um desafio (moldado na dor) que nos é apresentado. **Quem no-lo traz é a Lei**. Portanto, não precisa que ninguém deseje sair "caminhando" no intuito de "conquistar", "buscar" a evolução moral. A Lei é draconiana para com os AINDA incautos que transitam na fase da ignorância (erro). Não existem "qualidades adquiridas" e nem "defeitos a serem extirpados". O mal (erro para com a Lei Divina) é ausência do bem (acerto, consonância com a Lei Divina).

Bem exarou Aurelius Augustinus (354-430), em sua inconfundível obra *Confissões*, no Capítulo VI:

> Quem pode afastar-nos da morte do erro, senão a Vida que desconhece a morte, a Sabedoria que ilumina as pobres inteligências sem precisar de outra luz, e que governa o mundo até as folhas que tremulam nas árvores?

5. No Evangelho de Nicodemos (Atos de Pilatos), a hemorroíssa é chamada de Berenice.

CARIDADE

A verdadeira caridade é paciente e indulgente.
– LÉON DENIS

Infelizmente, nas lides espíritas se vê a assistência social sendo colocada em detrimento do ensino espírita. E mais: creem que a filantropia liberta o ser. Ledo engano.

O Espírito Joanna de Ângelis, na obra *Dimensões da verdade*, Capítulo XIV, trata do assunto. Vejamos:

> Nem Espiritismo sem assistência social, nem assistência social sem Espiritismo.
>
> O Espiritismo, como bem definiu Kardec, trata da origem, da natureza e do destino dos Espíritos, convidando o homem para ser hoje melhor do que ontem e amanhã melhor do que hoje.
>
> [...] O conhecimento da Doutrina Espírita colima na sua aplicação com assistência social; no entanto, a recíproca não é verdadeira.
>
> [...] E guardemos a certeza de que, ao lado da assistência material que possamos doar, a assistência moral e espiritual deve ser primazia.
>
> Alguns amigos menos esclarecidos falarão sobre sectarismo; outros, pouco afervorados à convicção espiritista,

informarão que o auxílio não deve ser trocado pelo impositivo do ensino...

Não lhe dê ouvidos.

Derrama no gral da generosidade que te enobrece o perfume da fé renovadora que te liberta, e dá a libar, a quantos te buscam, esse incomparável elixir...

E o Espírito Fabiano de Cristo, pela mediunidade de Divaldo Pereira Franco, no livro *Luzes do alvorecer*, adverte:

Muitas pessoas se escusam de praticar a abençoada virtude da caridade, justificando-se ausência ou escassez de recursos materiais, através dos quais somente poderiam auxiliar.

Asseveram encontrar-se em carência econômica e quase em indigência, o que lhes constitui motivo de aflição.

Pensam, ou fazem crer, que a caridade é somente doação de valores amoedados, de contribuições financeiras, esquecendo-se do sentido e do significado real da celeste virtude.

A caridade transcende à doação de coisas ou de moedas, embora essas expressões tenham grande valor para quem as oferece, tanto quanto para aquele que as recebe.

[...] A caridade é luz mirífica a brilhar sem termo na sombra dos sofrimentos humanos, de todos os sofrimentos, luarizando-os.

É o amor que se expande e se santifica, abençoando o charco, que se veste de flores, e o deserto, que se transforma em pomar.

[...] A caridade nunca se cansa e jamais aguarda recompensa. É alegre e simples, contentando-se em amar e erguer os combalidos, ao mesmo tempo irisando os países das almas com a esperança, após as tempestades rudes.

Toda vez que o amor se compadece e se dispõe a servir, a [verdadeira] caridade desata o perfume da sua presença e modifica o quadro de aflição.

Há uma passagem evangélica em que o próprio Mestre afirma ser mais importante viver Suas alvíssaras do que, em atitudes altruístas, atender os mais necessitados. Vejamo-la:

> Foi, pois, Jesus, seis dias antes da Páscoa, a Betânia, onde estava Lázaro, o que falecera, e a quem ressuscitara dentre os mortos. Fizeram-lhe, pois, ali uma ceia, e Marta servia, e Lázaro era um dos que estavam à mesa com ele. Então Maria, tomando um arrátel de unguento de nardo puro, de muito preço, ungiu os pés de Jesus, e enxugou-lhe os pés com os seus cabelos; e encheu-se a casa do cheiro do unguento. Então, um dos seus discípulos, Judas Iscariotes, filho de Simão, o que havia de traí-lo, disse: Por que não se vendeu este unguento por trezentos dinheiros e não se deu aos pobres? Ora, ele disse isto, não pelo cuidado que tivesse dos pobres, mas porque era ladrão e tinha a bolsa, e tirava o que ali se lançava. Disse, pois, Jesus: Deixai-a; para o dia da minha sepultura guardou isto; **porque os pobres sempre os tendes convosco, mas a mim nem sempre me tendes**. (Jo 12:1-8)[1]

Em nossa singela digressão, não queremos preconizar que a filantropia não seja um ato louvável e que deixemos de praticá-la. Não; Jesus jamais deixou de assistir aos mais necessitados. Basta vê-Lo, quando Se encontrava na Cesareia de Filipe (antiga Paneias), localizada na foz do Jordão (cf. Mc 8:1). O que desejamos ficar claro é que pode alguém *fazer o bem* (material) sem *ser bom* (moralmente);

entretanto, ninguém pode *ser bom* sem *fazer o bem*. Melhor dizendo:

> Ninguém pode assistir a outrem, com eficiência, se não procurou a edificação de si mesmo; ninguém medicará, com proveito, se não adquiriu o espírito de boa vontade para com os que necessitam, e ninguém ensinará, com segurança, se não possui a seu favor os atos de amor ao próximo, no que se refira à compreensão e ao auxílio fraternais.
>
> [...] Antes, porém, da caridade que se manifesta exteriormente nos variados setores da vida, pratiquemos a caridade essencial, sem o que não poderemos efetuar a edificação e a redenção de nós mesmos. Trata-se da caridade de pensarmos, falarmos e agirmos, segundo os ensinamentos do Divino Mestre, no Evangelho. É a caridade de vivermos verdadeiramente nEle para que Ele viva em nós. Sem esta, poderemos levar a efeito grandes serviços externos, alcançar intercessões valiosas, em nosso benefício, espalhar notáveis obras de pedra, mas, dentro de nós mesmos, nos instantes de supremo testemunho na fé, estaremos vazios e desolados, na condição de mendigos de luz. (Emmanuel, *Vinha de luz*, Cap. CX)

Ora:

> Mais importantes do que a doação material, como testemunho de aprimoramento íntimo, são a renúncia ao ponto de vista, o combate ao amor-próprio ferido, o esforço contra o rancor, a luta sobre o capricho pessoal. (Joanna de Ângelis, *Messe de amor*, Cap. XXV)

Assevera Léon Denis:

Sucede o mesmo com todos os que têm a faculdade de muito amar e de muito sofrer. Para eles, a dor é como que uma iniciação na arte de consolar e aliviar os outros. Sabem elevar-se acima dos seus próprios males para só verem os de seus semelhantes e para procurar remediá-los. Daí, os grandes exemplos dessas almas eminentes que, assediadas por tormentos, por agonia dolorosa, encontram ainda os meios de curar as feridas dos que se deixam vencer no combate da vida. (*Depois da morte*, Quinta Parte, XLVII)

Caro leitor, existe diferença entre *querer bem* e *amar* (*ou seja, a caridade em ação*). O primeiro é um dever de consciência; o segundo é uma doação espontânea. O primeiro transparece numa condição pessoal de nobreza; o segundo vive o esquecimento da própria individualidade, para o serviço sem condições. *Querer bem*, portanto, é realização raciocinada e fria; *amar*, porém, é a integração do ser à Corrente Superior da Vida.

Quem ama renuncia sem cálculo e sem reservas aos objetivos pessoais e exclusivistas, porquanto sabe que, nada querendo para si, tem tudo. Ora, se tudo existe em Deus, por que desejar ultrapassar Sua sabedoria, envolvendo-nos em predileções pessoais? Se estamos amparados pela Sua misericórdia, onisciência e onipotência, por que nos (pre) ocupar conosco? O interesse pessoal é o sinal mais característico da imperfeição humana (cf. *O livro dos espíritos*, perg. 895). É muito feliz a atitude de quem procura colaborar no influxo geral da Vida, esquecido de condições limitativas de gosto individual, pois nem sempre elas estão em consonância com a felicidade real que almejamos.

O *querer bem* é incapaz de conquistar a paz interior, pois ela só será alcançada quando a alma se sentir mergulhada na felicidade íntima de ser colaboradora incondicional da corrente do Amor Universal. Que possamos, diuturnamente, apresentarmo-nos diante da Lei despidos de todo desejo pessoal. Somente assim a vibração do amor nos aquecerá, dando-nos a plenitude espiritual que nos está reservada.

Perguntar-se-ia: como aplicar esses conhecimentos em nossa vida diária? Simples: **negando a nós mesmos para que a bênção divina resplandeça em nossos passos, e, naturalmente, granjearemos disposição sincera de sermos servos da felicidade alheia**. Se todos nós fomos criados por Deus para a felicidade, só estaremos unidos ao Amor Universal com que Ele nos envolve quando houver em nós, acima de qualquer outra ocupação, o desejo ativo e profundo de estimular a ventura de nossos irmãos de caminhada evolutiva, dentro da Lei do Progresso. Por essa razão, ou o amor brota espontâneo, cristalino e transparente, como as águas de uma fonte, ou não é amor!

Sem a consciência ética do *amor ao próximo* (cf. Mt 22:39), o indivíduo, por mais intelectual que seja, permanecerá vazio de sentimento crístico, deixando-o em uma prisão (sem paredes), erguida com a argamassa da insegurança afetiva, da falta de resistência moral, neurastênico porque de conduta artificial, e sensível aos convites enganadores das ilusões e das paixões asselvajadas. Desse modo, sem reservas de forças morais para enfrentar o ignoto, o ser continuará inacessível à compreensão que liberta e impulsiona o Eu Superior para o contato com o psiquismo cósmico. Resultado: por serem fracos e incapazes, serão amparados pelos fortes e capazes.

Assim funciona a evolução...

Por essa razão, a Lei de Amor é fraternidade e serviço ao próximo, ligando todas as almas, porquanto somos todos envolvidos pelo Magnetismo Divino. No transcurso das reencarnações, nossa infelicidade tem sido não havermos amado bastante ao Cristo Jesus na pessoa do próximo, pois este é, quase sempre, alguém por Jesus a solicitar-nos amor.

Vivendo a fraternidade, o indivíduo estará uno com o Pai (Jo 10:30; 17:21-22), pois a consciência cósmica será a única lei sentida. Ora, enquanto houver necessidade de uma lei externa, aquela lei será a medida de nossa imperfeição. Apenas quando não for necessária lei alguma, quando o gênero humano, espontaneamente, for uno com a Lei Divina, a Humanidade naturalmente estará aperfeiçoada e, com efeito, a liberdade e a lei tornar-se-ão unas.

No Capítulo CXVI do livro *Vinha de luz*, Emmanuel traz o assunto à baila novamente:

> Muitos aprendizes creem que praticá-la [a caridade] é apenas oferecer dádivas materiais aos necessitados de pão e teto.
>
> Caridade, porém, representa muito mais que isso para os verdadeiros discípulos do Evangelho.
>
> [...] Certo benfeitor distribuirá muito pão, mas se permanece deliberadamente nas sombras da ignorância, do sectarismo ou da autoadmiração não estará faltando com o dever de assistência caridosa a si mesmo?
>
> Espalhar o bem não é somente transmitir facilidades de natureza material. Muitas máquinas, nos tempos modernos, distribuem energia e poder, automaticamente.

Caridade essencial é intensificar o bem, sob todas as formas respeitáveis, sem olvidarmos o imperativo de auto sublimação para que outros se renovem para a vida superior, compreendendo que é indispensável conjugar, no mesmo ritmo, os verbos dar e saber.

[...] Bondade e conhecimento, pão e luz, amparo e iluminação, sentimento e consciência são arcos divinos que integram os círculos perfeitos da caridade.

E na obra *Paulo e Estêvão*, Segunda Parte, Capítulo IV, lê-se:

Poderemos atender a muitos doentes, ofertar um leito de repouso aos mais infelizes, mas sempre houve e haverá corpos enfermos e cansados na Terra. Na tarefa cristã, semelhante esforço não poderá ser esquecido, mas a iluminação do espírito deve estar em primeiro lugar. Se o homem trouxesse o Cristo no íntimo, o quadro das necessidades seria completamente modificado.

Assevera o Espírito Vianna de Carvalho, na obra *Novos Rumos*, Capítulo XXIII:

Amparemos o velhinho, auxiliemos a criança, ofereçamos o pão e o agasalho ao sofredor, mediquemos a enfermidade, esclareçamos a ignorância, em nome do nosso ideal espírita, mas sobretudo cuidemos da própria transformação moral, sem a qual de nada valerão os valiosos donativos da fé que nos liberta e conduz.

Ora, com a fé libertadora, não foram *bons* o suficiente, e, com efeito, fizeram o *bem* naturalmente, Sidarta Gautama (564 a.C.-†)[2], Francisco de Assis (1182-1226),

Isabel de Aragão (1271-1336)[3], Vicente de Paulo (1581-1660)[4], Isabel de França (1764-1794)[5], Jeanne Marie Rendu (1785-1856)[6], Gandhi (1869-1948), Albert Schweitzer (1875-1965)[7], Teresa de Calcutá (1910-1997), dentre tantos outros notórios e milhares de anônimos? Não foram essas almas nobilíssimas que, em veraneio pela Terra, aproveitaram o recreio para servir do amor, a benefício de todos? Não foram elas as representantes fiéis da *dor do amor* – esse estado de alma, em que a renúncia, ou seja, o esquecimento de si mesmo em prol de outrem, é seu estandarte? **Ora, a renúncia, por amor, é a sabedoria dos loucos e a loucura dos sábios.**[8]

Allan Kardec questionou aos benfeitores espirituais sobre o conceito de caridade. Vejamos sua pergunta e a respectiva resposta:

Qual o verdadeiro sentido da palavra caridade, como a entendia Jesus?

Benevolência para com todos, indulgência para as imperfeições dos outros, perdão das ofensas. (*O livro dos espíritos*, perg. 886)

Como entender essas três qualidades morais? Pois bem: benevolência é sinônimo de tolerância, complacência, condescendência. Contudo, a maioria dos indivíduos entende como ser tolerante a seguinte expressão: "eu estou com a verdade, você está no erro; mas como sou um sujeito bom e pacífico, eu tolero generosamente os seus erros". Isso não é tolerância – é orgulho e hipocrisia.

Somente quando compreendemos que cada indivíduo tem o seu caminho peculiar rumo à Verdade, e cada um tem o direito e o dever de seguir o caminho que condiga melhor com sua índole individual, então não desprezamos nem toleramos – simplesmente enxergamos que são irmãos de jornada terrena, trilhando outros caminhos. Ora, as cores várias de um prisma são todas manifestações da única luz incolor, e nenhuma das cores tem o direito de desprezar as outras como sendo erradas. O vermelho, o verde, o azul, etc., são todos efeitos complementares da causa única da incolor. Nenhuma cor tolera a outra. A própria harmonia do Universo exige variedade na unidade.

Onde exista verdadeira compreensão da Verdade, aí acaba tanto a intolerância como a tolerância. Será que a rosa deve tolerar o cravo? Será que o rubi deve tolerar a esmeralda? Será que o condor deve tolerar a andorinha?

Benevolência é compreender de modo desinteressado. Não pode esperar reciprocidade. **A ética da compreensão pede que se compreenda a incompreensão**. Posto isso, quem vive a benevolência sempre enxerga o erro alheio com fraternidade, compreendendo a ignorância de outrem diante das leis divinas. Resultado? Permanece estoico, calmo, sereno, brando, tendo em seu íntimo a certeza de que cada criatura tem sua zona de compreensão espiritual e o seu momento de despertar para as realidades eternas, vigentes no âmago de cada ser.

Diz o Espírito Lázaro que:

> A benevolência para com os seus semelhantes, fruto do amor ao próximo, produz a afabilidade e a doçura, que lhe são as formas de manifestar-se. (*O Evangelho segundo o Espiritismo*, Cap. IX, item 6)

E Isabel de França, em Espírito, depositou essas pérolas de bondade nas doces palavras abaixo:

A caridade sublime, que Jesus ensinou, também consiste na benevolência de que useis sempre e em todas as coisas para com o vosso próximo. (*O Evangelho segundo o Espiritismo*, Cap. XI, item 14)

E quanto à indulgência? Ah! Esta nos ensina que não devemos ser, para com os erros alheios, severos. Desse modo, não devemos julgar as imperfeições (pessoais) de nossos semelhantes, recriminando-as, pois também somos imperfeitos em nossas ações. Melhor dizendo:

> Ninguém há que não necessite, para si próprio, de indulgência. Ela nos ensina que não devemos julgar com mais severidade os outros do que nos julgamos a nós mesmos, nem condenar em outrem aquilo de que nos absolvemos. Antes de profligarmos a alguém uma falta, vejamos se a mesma censura não nos pode ser feita. (Allan Kardec, *O Evangelho segundo o Espiritismo*, Cap. X, item 13)

E o perdão? Como analisá-lo nesse contexto? Por que os Espíritos o colocaram como a última qualidade moral? Simples: quem já vive a benevolência para com todos, **já abriu o caminho do perdão ofertado espontaneamente**. Quando somos benevolentes, a criatura leva na alma, querendo ou não, essa ação. E se porventura aquela pessoa que nos ofendeu vier nos pedir o perdão de sua falta, nada teremos de perdoar, porquanto a benevolência já fora vivida.

As teologias eclesiásticas, infelizmente, só conhecem duas atitudes em face da ofensa: ou vingança ou perdão. Acham mesmo que o grau supremo de espiritualidade que alguém possa atingir seja o de perdoar generosamente as ofensas recebidas.

Não negamos que perdoar a ofensa seja melhor do que se vingar, mas negamos que quem perdoa tenha superado o plano do ego (das emoções) – local esse que também se encontra a vingança.

Muito acima da virtuosidade se acha a sabedoria bem sentida, o autoconhecimento, a experiência do Eu divino, que nada sabe de vingança nem de perdão, porque nunca foi atingido por ofensa alguma.

O Eu divino – centro da organização psíquica e, como tal, dos impulsos e comandos da Vida –, no ser humano, é totalmente imune de ofensa, assim como a luz é imune de qualquer impureza ou contaminação. Mas como a criatura humana ainda se move no plano horizontal do ego, mesmo do ego virtuoso, é ele alérgico e vulnerável em face de ofensas e injustiças, e só pode assumir uma das duas alternativas: ou vingar-se ou perdoar o ofensor.

O ego é como a água, sempre nivelada horizontalmente; toda a água, quando deitada num recipiente impuro, torna-se impura. Nenhum ego pode conservar-se puro, indene de contaminação, em face de ofensas. Embora o ego virtuoso seja melhor que o ego vicioso, é uma ilusão que o ego virtuoso seja puro e incontaminável; o simples fato de o ser virtuoso perdoar o ofensor é prova de que ele se sentiu ofendido; se assim não o fosse, não teria nada que perdoar. E sentir-se ofendido é ser contaminado pelo ambiente do ego ofensor – das sensações corrompidas (cf. Lázaro, *O Evangelho segundo o Espiritismo*, Cap. XI, item 8). Todo o perdão prova contaminação.

Quando o ser, porém, transcende a horizontalidade aquática do ego humano e entra na verticalidade da luz do Eu divino, este ser está para além de vingança e perdão.

Não existe luz impura. Pode a luz entrar nas maiores impurezas, ela sairá sempre pura como entrou. Ademais, não disse o Crucificado: "Vós sois a luz do mundo"?

No grego *koiné*, nos quatro Evangelhos (Marcos, Mateus, Lucas e João), jamais se lê o verbo *perdoar*. É usada invariavelmente a palavra *aphíemi*, que podemos traduzir corretamente por *soltar* ou *desligar*.

Quem não é ofendido ou ofendível (sujeito a sofrer ofensas) desligou-se totalmente do plano horizontal do ego (das emoções corrompidas), e entrou na nova dimensão vertical do Eu divino, que não sofre ofensas. Assim como Deus não sofre ofensas, assim é também o Eu divino, o Deus em nós, o Cristo interno – inofendível –, pois simplesmente *se desliga*, como se as ocorrências se tivessem passado com pessoas totalmente estranhas.

A oração dominical (cf. Mt 6:9-13), promulgada por Jesus, o Cristo, diz mediante o perdão o seguinte: "desliga-nos de nossos débitos (cármicos), assim como nós desligamos os que nos devem" (Mt 6:12). A condição de obtermos isso é que de nossa parte também nos desliguemos dos outros (cf. Mt 6:15).

Por isso:

> O Perdão é o amor que se movimenta em oportunidade nova para quem delingue. Mais do que uma palavra, **é toda uma filosofia de comportamento humano**, propiciando resistência pacífica contra o mal. (Amélia Rodrigues, *Há flores no caminho*, Cap. XVI)

Encerramos dizendo que a benevolência para com todos, a indulgência para com as imperfeições alheias e o perdão das ofensas, na prática, **são três qualidades mo-**

rais que caminham juntas, porquanto são inseparáveis. Ninguém pode dizer que já é benevolente, mas precisa trabalhar a indulgência e o perdão. Ninguém pode dizer que já é indulgente, mas precisa exercitar a benevolência e o perdão. Ninguém pode dizer que já perdoa, mas ainda precisa sentir em seu coração a benevolência e a indulgência. É impossível qualquer uma das alternativas supracitadas, porque essa trindade moral, na vivência, é una, é uma coisa só! **Os Espíritos dividiram-nas, com o objetivo de raciocinarmos, já que nossa mente é fértil para oferecer explicações, mas ainda paupérrima para aceitar a Verdade.**
Isso se dá porque:

> Optar por agir ou não com bondade é atitude da mente, e produzir o bem é do coração. (Joanna de Ângelis, *Plenitude*, Cap. V)

Prezado leitor, o amor em ação na sua maior expressão, cuja benevolência, indulgência e perdão andam juntos, por serem inseparáveis, é a caridade moral. Aquela:

> [...] que todos podem praticar, que nada custa, materialmente falando, porém, que é a mais difícil de exercer-se.
>
> A caridade moral consiste em se suportarem umas às outras as criaturas e é o que menos fazeis nesse mundo inferior, onde vos achais, por agora, encarnados. Grande mérito há, crede-me, **em um homem saber calar-se, deixando fale outro mais tolo do que ele**. É um gênero de caridade isso. **Saber ser surdo quando uma palavra zombeteira se escapa de uma boca habituada a escarnecer**; não ver o sorriso de desdém com que vos recebem

pessoas que, muitas vezes erradamente, se supõem acima de vós, quando na vida espírita, a única real, estão, não raro, muito abaixo, constitui merecimento, não do ponto de vista da humildade, mas do da caridade, porquanto não dar atenção ao mau proceder de outrem é caridade moral. (Irmã Rosália, *O Evangelho segundo o Espiritismo*, Cap. XIII, item 9)

Sendo assim:

Diante de agressões ou submetido a dificuldades pelo seu próximo, irritado ou cínico, perverso ou escravocrata, enfermo em qualquer hipótese, deve-se considerá-lo como se fosse a mãe em um instante de fraqueza ou cansaço, carente de carinho e amizade. Em vez da reação também agressiva, do repúdio ou indiferença vingadora, a paciência generosa, a oportunidade para reflexão, a desculpa sincera, nenhum ressentimento, nem amargura. Esse comportamento libera-o do azedume, do ódio e do rancor, responsáveis por enfermidades que se infiltram com facilidade e que são difíceis de serem erradicadas.

[...] As ações incomuns variam desde os contributos materiais valiosos, irrigados de amor e de ternura até os gestos extraordinários do silêncio ante as ofensas, do perdão às agressões e do esquecimento do mal. (Joanna de Ângelis, *Plenitude*, Cap. V)

Que lições sobre a verdadeira caridade! A única maneira de conter alguém desvairado, estimulando-o a reajustar-se emocionalmente, é o agredido manter-se em posição normal, sem cair no mesmo nível de frequência vibratória (mental) do agressor. E o que é preciso para se manter estoico – isto é, nesse estado psíquico de equilíbrio?

A resposta encontra-se no próximo texto, "Abençoada dor", deste livro.

Notas

1. O mesmo texto se encontra também no Evangelho de Marcos, mas com personagens diferentes. Ei-lo: "E, estando ele em Betânia, assentado à mesa, em casa de Simão, o leproso, veio uma mulher, que trazia um vaso de alabastro, com unguento de nardo puro, de muito preço, e quebrando o vaso, lho derramou sobre a cabeça. E alguns houve que em si mesmos se indignaram, e disseram: Para que se fez este desperdício de unguento? Porque podia vender-se por mais de trezentos dinheiros, e dá-lo aos pobres. E bramavam contra ela. Jesus, porém, disse: Deixai-a, por que a molestais? Ela fez-me boa obra. Porque sempre tendes os pobres convosco, e podeis fazer-lhes bem, quando quiserdes; mas a mim nem sempre me tendes" (Mc 14:7).

    A nosso ver, o Simão citado acima diz respeito à Lázaro. Perguntar-se-ia: mas Lázaro era leproso? Nossa convicção é que tenha sido acometido pelo bacilo de Hansen. Por essa razão, "o defunto [Lázaro] saiu, tendo as mãos e os pés ligados com faixas, e o seu rosto envolto num lenço" (Jo 11:44). Mais por ser leproso do que estar seu corpo em putrefação, é que Lázaro cheirava mal (cf. Jo 11:39). Em toda essa narrativa de João (cf. Jo 11:1-45), vemos em Lázaro um estado cataléptico superagudo (letárgico), porque espontâneo. Um relaxamento dos elos vitais pela depressão causada por uma enfermidade (a lepra). Portanto, um fato patológico, provando o desejo incontido que o Espírito encarnado tinha de deixar a matéria para alçar-se ao infinito, e onde o próprio fluido vital encontrava-se quase totalmente extinto, e cujos liames magnéticos do perispírito em direção à carne se encontravam de tal forma frágeis. E mais: esses liames magnéticos estavam tão danificados pelo enfraquecimento das vibrações e da vontade que fora necessário o poder restaurador de uma alma virtuosa, como a do Crucificado, para se impor ao fato, substituindo células já corrompidas, renovando, com efeito, a vitalidade animal, no intuito de fortalecer os liames vitais com o Seu poderoso magnetismo em ação.

2. O príncipe Sidarta Gautama, aos 29 anos de idade, depois de ter sofrido a frustração de uma existência vazia, procurando, inutilmente, vencer a mente em desvario por longos anos, já que desejava desvendar o porquê da pobreza, do sofrimento, da doença e da morte, abandonou tudo e foi à procura de sacerdotes sábios que viviam nas furnas das montanhas do Himalaia. E foi somente depois de seis anos (isto é, aos 35 anos de idade), utilizando-se de técnicas externas, dominado pelo abandono de si mesmo e superando os limites fisiológicos, que, embaixo da árvore Bô, na floresta de Uvarela, às margens do rio Nairanjana, alcançou a Iluminação (o Caminho do Meio), tornando-se, desde então, Buda (o Iluminado), pregando o *Dharma* (a Lei universal, a Verdade universal). Foi perseguido e caluniado, porém tranquilo sublimou-se no encontro cósmico consigo mesmo, dedicando sua vida ao próximo.

Preconizava aos seus discípulos o máximo cuidado com a pureza dos pensamentos irradiados; o caminho da virtude e da renúncia; o dever e seu integral cumprimento de reta conduta. Desafiou o sistema de castas, elevou o *status* das mulheres, encorajou a liberdade religiosa e a livre investigação, libertou a Humanidade da escravidão religiosa, da fé cega. Instigou a criatura humana a pensar por si mesma. Dizia Buda: "Quem cuida de um doente cuida de mim".

3. Isabel de Aragão nasceu em Saragoça. Era filha de Pedro III de Aragão (1239-1285) e de Constança de Hohenstaufen, também conhecida como Constança II da Sicília (1249-1302). Ao nascer, seus pais entregaram-na a seu avô paterno, o Rei de Aragão Jaime I (1208-1276), alcunhado *O Conquistador* – Conde de Barcelona, Príncipe da Catalunha e Senhor de Montpellier, Rei de Maiorca, Rei de Valência, além de outros feudos da Occitânia (sul da França) –, e debandaram para Barcelona. Jaime I era um homem de bom caráter e ciente de que, acima do peso de uma coroa, há Deus. Ele amava sobremaneira sua neta. Em verdade, era a razão do seu viver.

Desde os 5 anos de idade, Isabel já penitenciava com cilício (cinto de tecido áspero, com pontas ou farpas, usado sobre a pele como forma de mortificação), com jejuns e com várias horas em oração. Esse Espírito nobre, tanto em sua cidade natal como depois em Valência (para lá mudou-se com seu avô, no ano de 1276), ia ao encontro dos infortúnios ocultos, das misérias do mundo, dos leprosos cujos corpos descarnados Isabel beijava sem titubear (e jamais fora contaminada), dos órfãos desamparados, das viúvas dos soldados que morriam em combate e até mesmo dos próprios soldados que voltavam mutilados das guerras, e não mais tinham serventia. Não se sentia em paz sabendo que tantos desafortunados não tinham sequer um naco de pão, enquanto ela usufruía das comidas fartas e do desmedido luxo no palácio em que vivia.

Seus pais, morando em Barcelona, depois do desencarne de Jaime I vieram residir em Valência, junto da filha. Não gostavam da caridade moral e material que Isabel realizava, distribuindo pão e moedas de ouro (que seu avô lhe havia deixado como herança) a tantos comiserados da alma e do corpo. Certa feita, com 10 anos de idade, depois que seu pai confiscou todas as moedas do baú de Isabel, no intuito de que ela não mais fosse atender, na praça do Palácio de Valência, os infortunados, ela, com a fé inabalável no Sempiterno que somente os venturosos possuem, tirava de seu vestido moedas de ouro, que, a seu turno, iam se materializando à medida que os necessitados iam surgindo à sua frente. Era muito ouro que brotava de suas vestes! Desse modo, Isabel, além de médium curadora, médium vidente, também era médium de efeitos físicos, e demonstrou tais faculdades ao longo de toda a sua vilegiatura carnal.

Embora as negociações do casamento da ainda criança Isabel, com o jovem Rei de Portugal Dinis de Borgonha (1261-1325), tenham iniciado em 1280, foi somente no dia 24 de abril de 1281 que se consumou a união, através de assinaturas dos embaixadores de Portugal com os procuradores aragoneses. Foi então que no dia 11 de fevereiro de 1282 Isabel casou-se (aos 11 anos de idade), por procuração, em Barcelona – cidade essa em que os representantes do Rei Dom Dinis I lá estiveram na cerimônia. Quatro meses depois desse ato civil – mais precisamente em 12 de junho de 1282 –, Isabel deixou Aragão rumo a Portugal, em direção à cidade de Coimbra, levando consigo um numeroso séquito, em que havia damas de companhia, médicos, mordomos, capelães, etc. A cerimônia religiosa aconteceu na pequena Capela de São Bartolomeu, no dia 21 de junho de 1282.

O casal nutria uma paixão recíproca, embora Isabel fosse uma alma bem mais evoluída, espiritualmente, que seu esposo. Dom Dinis era músico, e, com efeito, vivia em saraus na sua própria corte. Um homem afeito às coisas do mundo, não deixou de ter aventuras extraconjugais, que, por sua vez, resultaram no nascimento de dois filhos bastardos. O que mais impressiona é que mesmo tendo uma vida de boêmio, o Rei de Portugal tinha um ciúme incontrolável por Isabel, tirando a vida material de quem quer que fosse sua suspeito de nutrir pela rainha qualquer sentimento mundano. Ela, por sua vez, jamais lhe dera razão para tal impetuosa manifestação – o ciúme, filho doentio da insegurança emocional.

Em Coimbra, no dia 3 de janeiro de 1290, aos 19 anos de idade, Isabel dá à luz a sua filha primogênita Constança (1290-1313). Em Lisboa, no dia 8 de fevereiro de 1291, nasce o seu único filho homem, Afonso IV (1251-1257), que se tornaria o sétimo Rei de Portugal. Tornar-se-ia conhecido como *O Bravo*, pois seu governo ficou marcado por guerras com Castela, reformas administrativas e a Peste Negra.

Com dores horríveis embaixo do braço, fruto de um tumor que a deixou por vários dias queimando em febre, D. Isabel desencarnou no dia 4 de julho de 1336, na cidade de Estremoz (Portugal), aos 65 anos de idade. Foi recebida, em seu desenlace final, por Maria de Nazaré, e, ato contínuo, depois de um diálogo com Jesus, dirigiu-se, por sua envergadura moral, a esferas altíssimas, que, para nós, fogem ao entendimento. Cremos que ela retornou ao orbe de Sírius – seu lar.

Hoje ela coordena, em nome da verdadeira caridade (o amor em ação), incursões a regiões profundas de nosso planeta, auxiliando no resgate dos que pretendem enxergar uma nesga de luz. Com sua famosa "rede magnética", adentra nos pântanos mais obscuros e retira os arrependidos e subjugados, cujas forças inexistem para saírem de tais penumbras.

4. Vicente de Paulo, transitando na corte do Rei Henrique IV da França (1553-1610), torna-se o capelão de sua esposa – a Rainha Margarida de Valois (1553-1615). Contudo, "renuncia ao luxo [da corte] que degrada a fé, e, esmoler, volta-se para os infelizes, comendo com eles o pão

amargo da aflição" (Vianna de Carvalho, *À Luz do Espiritismo*, Cap. "Espiritismo e loucura"). Era no seu imenso amor pelos fracos e desamparados que se encontrava a origem da sua abnegação sublime. É chamado "Pai da Caridade". Estamos nos referindo àquela caridade que não espera retribuição e que jamais é ostentada. Depois de desencarnado, contribuiu com o Espírito de Verdade, na Revelação Espírita (em *O livro dos espíritos*) e na Codificação do Espiritismo. E mesmo nessa condição, ele diz: "Não ouso falar do que fiz, porque também os Espíritos têm o pudor de suas obras; considero, porém, a que iniciei como uma das que mais hão de contribuir para o alívio dos vossos semelhantes" (São Vicente de Paulo, *O Evangelho segundo o Espiritismo*, Cap. XIII, item 12). Diz o maior filósofo espiritualista do século XIX – Léon Denis (1846-1927) – que "São Vicente de Paulo teve sua biografia resumida numa frase que costumamos reproduzir pela beleza da comparação: Nele, como em certas plantas nas quais as flores nascem antes da folhagem, a caridade nasceu antes da razão" (*Socialismo e Espiritismo*, Prefácio). Médium curador, extinguia úlceras à simples imposição das mãos

5. Em 1764 nasceu Isabel, um nobre espírito. Irmã do rei Luís XVI (1754-1793), ficou órfã aos 3 anos de idade, mas recebeu boa educação. Viveu em Versalhes onde cumpria seus deveres de princesa. Entretanto, vivia longe das frivolidades e distrações da corte real. Dedicava seu tempo às obras de caridade. Muito dedicada ao irmão, poderia ter se casado, porém preferia estar junto aos menos afortunados. Distribuía mantimentos e ajudava os camponeses. Depois da condenação à morte de seu irmão e da cunhada Maria Antonieta, Isabel passou a cuidar da sobrinha que mais tarde foi conduzida à prisão. E a bondosa princesa, que vivia longe da política e mesmo sem ter cometido nenhum crime,

foi condenada à morte pelo tribunal revolucionário, sendo guilhotinada em 10 de maio de 1794, aos 30 anos de idade.

Conta-se que, no momento da execução, um estranho silêncio tomou conta de toda a praça. Não se ouviu um só ruído, nem um "viva a República", nada... O capitão que deveria dar o sinal para o rufar de tambores caiu desfalecido. A multidão permanecia em silêncio e após a execução um perfume de rosas se espalhou por toda a praça.

Em 1862, a ex-princesa (em Espírito) registra a necessidade de termos caridade com os criminosos que são criaturas de Deus. E, para culminar, nos convoca a praticarmos a maior das caridades: a prece em favor dos criminosos.

Vejamos a mensagem:

> Estão próximos os tempos em que nesse planeta reinará a grande fraternidade, em que os homens obedecerão à lei do Cristo, lei que será freio e esperança e conduzirá as almas às moradas ditosas. Amai-vos, pois, como filhos do mesmo Pai; não estabeleçais diferenças entre os outros infelizes, porquanto quer Deus que todos sejam iguais; a ninguém desprezeis. Permite Deus que entre vós se achem grandes criminosos, para que vos sirvam de ensinamentos. Em breve, quando os homens se encontrarem submetidos às verdadeiras leis de Deus, já não haverá necessidade desses ensinos: todos os Espíritos impuros e revoltados serão relegados para mundos inferiores, de acordo com as suas inclinações. [...] [O] socorro das vossas preces: é a verdadeira caridade.

6. Jeanne Marie Rendu (1785-1856) já aos 16 anos de idade vai para o Seminário fazer o noviciado e, aos 28 anos, agora conhecida como Irmã Rosália, é Superiora da Casa das Filhas da Caridade no bairro da miséria e do vício de Saint Marceau, em Paris. E aí começa a sua espantosa tarefa de recristianização pela caridade.

Os movimentos revolucionários que abalaram o continente europeu no início da década de 1830 iniciaram-se na França. No bairro de Saint Marceau levantavam-se constantemente barricadas e o povo batia-se ferozmente contra as tropas regulares. Então, a Irmã Rosália improvisava socorros e não receava expor-se percorrendo as barricadas e esforçando-se por acudir a todos, sem distinção de partidos.

O Prefeito da Polícia de Paris passa um dia com mandado de captura contra ela, por proteger um oficial da Guarda comprometido como revolucionário; o oficial que recebe a ordem dispõe-se a cumpri-la, mas vai prevenindo o Prefeito de que todo o bairro pegará em armas para defender a Irmã Rosália. Então é o próprio Prefeito que se propõe ir lá pessoalmente, pois quer conhecer que razões haverá para tanta dedicação.

Enquanto é convidado a aguardar a sua vez, por não ter sido reconhecido, tem ocasião de assistir emocionado ao desfile duma multidão de miseráveis, que vinham ali expor as suas dificuldades e pedir socorro e conselho. Interrogado finalmente sobre o motivo da sua presença, comunica então que acabava de rasgar um mandado de captura contra ela, mas vinha ali aconselhar-lhe que não voltasse a criar situações difíceis, ao que a Irmã Rosália responde não poder prometê-lo, porque uma Filha de S. Vicente de Paulo não tem o direito de faltar à caridade, quaisquer que sejam as consequências; mas promete-lhe também que, se ele alguma vez, perseguido, lhe pedir socorro, tudo fará para o salvar!

Num desses frequentes e sangrentos tumultos, um oficial da Guarda, à frente da sua companhia, assalta a barricada que ficava mesmo junto à porta do Convento; mortos parte dos homens e postos em fuga os restantes, encontra-se só, e é feito prisioneiro pelos populares; mas encontrando aberta a porta, consegue entrar no Convento, onde é perseguido pelos amotinados, sedentos de sangue.

A Irmã Rosália barra-lhes a passagem, perguntando se teriam coragem de o matar ali, ao que respondem que o levarão primeiro para fora. Resolutamente a Irmã Rosália faz-lhes frente; juntam-se-lhe outras Irmãs; porém, a multidão sublevada impacienta-se com aquela muralha de *cornettes* brancas (um tipo de touca que consiste em um grande pedaço engomado de tecido branco que é dobrado para cima de forma a criar a semelhança de chifres na cabeça), apontam-se espingardas, mas então a Irmã Rosália roja-se diante daqueles homens e suplica: "Há cinquenta anos que vos consagrei a minha vida; por tudo quanto fiz às vossas mulheres e aos vossos filhos, peço-vos a vida deste homem!".

Os revoltosos foram debandando lentamente, alguns deles com as lágrimas nos olhos, e então o oficial perguntou: "Quem sois?". "Quase nada; uma Filha da Caridade" – respondeu ela.

Lutou contra a miséria para devolver ao Homem sua dignidade, esse foi o objetivo de Irmã Rosália durante 54 anos! Ela dizia: "Jamais faço uma oração tão bem como na rua". Jeanne Rendu ensinou muitos intelectuais a ver Jesus nos pobres.

Aos ricos, Irmã Rosália proporcionava a alegria de fazer o bem. Com frequência, via-se na sala de recepção de sua casa bispos, padres, homens de Estado e da cultura. Entre eles: Donoso Cortes, Embaixador da Espanha, o Imperador Napoleão III com sua esposa, estudantes de direito, de medicina, alunos da Politécnica, que vinham pedir informações, recomendar alguém ou perguntar em que porta bater antes de fazer uma boa obra. Vieram a ela Antoine Frédéric Ozanam (1813-1853), ativista católico e cofundador da Sociedade de São Vicente de Paulo (inicialmente conhecida por Conferência da Caridade), e o Venerável Jean Léon Le Prévost (1803-1874), futuro fundador do Instituto dos Irmãos de São Vicente de Paulo, pedindo-lhe conselhos para pôr em prática seus projetos.

Sobre o túmulo de Irmã Rosália, no Cemitério Montparnasse, há sempre flores colocadas por pessoas desconhecidas, e um epitáfio menciona: "À boa Mãe Rosália, seus amigos reconhecidos, os pobres e os ricos".

7. Albert Schweitzer foi musicista, e adorava as composições do violinista Johann Sebastian Bach (1685-1750). Filósofo emérito, escritor renomado, tornou-se professor de teologia na Universidade de Estrasburgo (França). Decidido a embarcar para a África como médico e missionário, começa a estudar medicina em 1905, aos 30 anos de idade. Em 1913, embarca para o continente africano, para construir uma estação médica na cidade Lambaréné, no Gabão, a serviço da Sociedade Missionária francesa. Ganhou o Prêmio Nobel da Paz em 1952. Viveu com a pobreza e combateu a lepra na região em que residia, até o momento de sua morte física.

8. Os ditos *loucos*, nessa frase, obviamente não se referem àqueles que têm alguma enfermidade psíquica, mas sim aos Espíritos nobres que, incompreendidos pela grande parte dos habitantes da Terra, sempre foram tachados de *hereges, blasfemos*, etc. Os *sábios*, na frase, não são reconhecidos, em sua maioria, no instante em que agem como veladores da luz, amando, loucamente, a todos indistintamente. O reconhecimento dos chamados *sábios* vem quase sempre postumamente. São almas que sacrificaram a felicidade momentânea em prol do amor ao eterno dever moral. Tudo que sabem do amor é que o amor é tudo.

Há uma fábula extraordinária, em forma de diálogo, que representa essa "divina loucura". Vejamo-la:

E lá vai ele – o grande trator de Deus – levar a longínquas plagas as maravilhas das verdades libertadoras.

É abordado por alguém, que lhe pergunta:

— Aonde vai, jovem?

— Ao extremo oriente.

— Pescar pérolas nos mares da Índia?

— Não me interessam pérolas de moluscos.

— Em busca de aventuras?

— Tampouco.

— Em viagem de recreio?

— Vou para a Ilha dos Leprosos, dos sem-teto, dos doentes da alma e do corpo.

— Dos leprosos, que horror!

— Nem tanto...

— E são muitos?

— Uns quinhentos.

— E quando pretende regressar?

— Nunca.

— Que vida infernal... E é bem pago?

— Deus o sabe.

— Como? Não ganha?

— Espero ter o necessário para viver e trabalhar.

— Só?

— É quanto me basta.

— E sua família?

— Deixei de constituir família, por amor a essa família de infelizes.

— Não compreendo sua filosofia.

— Parece que sou um louco, não é?

— Isso não, mas... desculpe... o senhor deve ter sofrido algum desgosto profundo.

— Não me consta. Não sou derrotista nem misantropo. Creio na vida.

— E por que abandona o conforto da sociedade?

— Vou à conquista de um mundo mais belo e feliz.

— Quimeras!

— Realidades espirituais!
— Loucuras!
— Sabedoria divina!
— Paradoxos!
— Verdade suprema! Mais belo é dar que receber... É minha ideia, é meu ideal...
— Mistérios...
— Tem razão. O mais belo de todos os mistérios é este: imolar-se na ara de um ideal. Ser apóstolo. E eu quero ser discípulo do grande Mestre – o Cristo.

E lá foi ele, o Hércules redivivo!! Forte e varonil, foi encorajar as almas aliadas à tua, pois todas são irmanadas em Cristo. E lá foi ele, encarar as coisas do mundo sublunar como transitórias que são, sem esquecer das que são eternas e divinas. E lá foi ele, levar a cruz das vicissitudes ao calvário de eterna remissão, através do amor e da fé.

CASAMENTO

*Não podendo suportar o amor,
a Igreja quis ao menos desinfetá-lo
e então fez o casamento.*

– CHARLES BAUDELAIRE[1]

Allan Kardec, em *O livro dos espíritos*, pergunta 695, questiona aos imortais:

> Será contrário à lei da Natureza o casamento, isto é, a união permanente de dois seres? É um progresso na marcha da Humanidade.

Ato contínuo, argui:

> Que efeito teria sobre a sociedade humana a abolição do casamento? Seria uma regressão à vida dos animais. (*O livro dos espíritos*, perg. 696)

O Espírito Joanna de Ângelis, no livro *Amor, imbatível amor*, Capítulo I, subtítulo *Casamento e companheirismo*, diz que o casamento é:

> O resultado natural do amor entre duas pessoas de sexos diferentes, quando se tem por objetivo a comunhão física, o desenvolvimento da emoção psíquica, o companheirismo.

[...] Mais do que um ato religioso ou social, conforme se encontra em algumas doutrinas ancestrais, que se atêm a liturgias e a ortodoxias, o casamento consolida os vínculos do amor natural e responsável, que se volta para a construção da família, essa admirável célula básica da Humanidade.[2]

Pois bem. O amor reclama cultivo, porque a felicidade na comunhão afetiva não é uma receita pronta, e sim construção do dia a dia. As leis humanas casam as pessoas para que as pessoas se unam segundo as leis divinas. Em um relacionamento em que estejamos unidos sem amor, infelizes seremos, porque **seguiremos junto à pessoa como dois rios paralelos, que, embora correndo lado a lado, jamais se encontram**.

No entanto:

Quando o amor se instala nos sentimentos, as pessoas podem encontrar-se separadas; ele, porém, permanece imperturbável. A distância física perde o sentido geográfico e o espaço desaparece, porque ele tem o poder de preenchê-lo e colocar os amantes sempre próximos, pelas lembranças de tudo quanto significa a arte e a ciência de amar. (Joanna de Ângelis, *Amor, imbatível amor*, Cap. XIII, subtítulo *Amor que liberta*)

Em *O Evangelho segundo o Espiritismo*, Capítulo V, item 04, Kardec diz:

Quantas uniões infelizes porque são de interesse calculado ou de vaidade, com as quais o coração nada tem!

Alianças desse teor demonstram que a figura do amor não está presente. Ah! Muita gente diz que ama o seu marido ou a sua esposa. Entretanto, logo que surgem circunstâncias contra seus caprichos, passa a detestar.[3]

O matrimônio, na Terra, em sua maioria é provacional. Os cônjuges devem ter, um para com o outro, máximo de atenção, respeito e carinho. Entretanto:

> Se o sacerdócio que anelas não te alcança o ideal, recorda que o lar é a escola da iniciação primeira para qualquer investidura. Todos aqueles que se notabilizaram, no mundo, passaram pelas mãos anônimas do domicílio familiar, onde se apagaram os pais e os mestres na extensão de sacrifícios grandiosos e desconhecidos. (Joanna de Ângelis, *Messe de amor*, Cap. XXIX)[4]

Ademais:

> Nem sempre se encontrará no ser amado a recíproca. Importa, o que é essencial, amar, sem solicitação. (Joanna de Ângelis, *Convite da vida*, p. 15)[5]

É com propriedade que esse venerando Espírito tece tal comentário, porque vivera, em tempos longínquos, mais precisamente à época do Cristo Jesus, na personalidade de uma mulher chamada Joana de Cusa – ou seja, esposa de Cusa, funcionário responsável pela contabilidade do tetrarca Herodes Antipas (20 a.C.-†). Ela, conforme narra o Espírito Humberto de Campos, pela mediunidade de Francisco Cândido Xavier (1910-2002):

> [...] possuía verdadeira fé; contudo, não conseguiu forrar-se às amarguras domésticas, porque seu companheiro de lutas não aceitava as claridades do Evangelho. Considerando seus dissabores íntimos, a nobre dama procurou o

Messias, numa ocasião em que ele descansava em casa de Simão, e lhe expôs a longa série de suas contrariedades e padecimentos. O esposo não tolerava a doutrina do Mestre. Alto funcionário de Herodes, em perene contacto com os representantes do Império, repartia as suas preferências religiosas, ora com os interesses da comunidade judaica, ora com os deuses romanos, o que lhe permitia viver em tranquilidade fácil e rendosa. Joana confessou ao Mestre os seus temores, suas lutas e desgostos no ambiente doméstico, expondo suas amarguras em face das divergências religiosas existentes entre ela e o companheiro.

Após ouvir-lhe a longa exposição, Jesus lhe ponderou: [...] Teu esposo não te compreende a alma sensível? Compreender-te-á um dia. Leviano e indiferente? Ama-o, mesmo assim. Não te acharias ligada a ele se não houvesse para isso razão justa. Servindo-o com amorosa dedicação, estarás cumprindo a vontade de Deus. Falas-me de teus receios e de tuas dúvidas. Deves, pelo Evangelho, amá-lo ainda mais. Os sãos não precisam de médico. Além disso, não poderemos colher uvas nos abrolhos, mas podemos amanhar o solo que produziu cardos envenenados, a fim de cultivarmos nele mesmo a videira maravilhosa do amor e da vida.

[...] Joana, o apostolado do Evangelho é o de colaboração com o céu, nos grandes princípios da redenção. Sê fiel a Deus, amando o teu companheiro do mundo, como se fora teu filho. Não percas tempo em discutir o que não seja razoável. Deus não trava contendas com as suas criaturas e trabalha em silêncio, por toda a Criação. Vai!... Esforça-te também no silêncio e, quando convocada ao esclarecimento, fala o verbo doce ou enérgico da salvação, segundo as circunstâncias! Volta ao lar e ama o teu companheiro como o material divino que o céu colocou em tuas mãos para que talhes uma obra de vida, sabedoria e amor!...

Pois bem. Joana de Cusa foi exemplo do amor incondicional, conforme o Cordeiro de Deus a havia sugerido. Por essa razão, quase 2.000 anos depois, em *O Evangelho segundo o Espiritismo*, Capítulo IX, item 7, vem ela, com o pseudônimo de "Um Espírito Amigo", ensinar-nos, com grande moral, que:

> A paciência também é uma caridade e deveis praticar a lei de caridade ensinada pelo Cristo, enviado de Deus. A caridade que consiste na esmola dada aos pobres é a mais fácil de todas. Outra há, porém, muito mais penosa e, conseguintemente, muito mais meritória: *a de perdoarmos aos que Deus colocou em nosso caminho para serem instrumentos do nosso sofrer e para nos porem à prova a paciência.*

E tais instrumentos que Deus coloca em nossos caminhos, no intuito de vivermos a paciência, situam-se primeiramente bem perto de nós – no lar. Ó quantos casamentos perturbadores! Qual a solução? Certo estamos que não é a separação, como supõem muitos. Rompendo-se com alguém, pelo desequilíbrio psíquico do marido ou da esposa, não pode o indivíduo acreditar-se livre para outra tentativa (que lhe resultaria feliz), porque o problema não é da relação em si, mas do seu estado íntimo (psicológico), que, por sua vez, não sabe viver com alguém neurastênico(a). Aqui nos faz recobrar Paulo de Tarso, quando escreveu:

> A tribulação produz a paciência. (Rm 5:3)

Para estar nesse estado emocional do Apóstolo da Gentilidade, só com a adoção do amor, com toda a sua estrutura renovadora, saudável, de plenificação, conseguiremos o êxito almejado. E acreditem:

> No lar onde exista uma só pessoa que creia sinceramente em Jesus e se lhe adapte aos ensinamentos redentores, pavimentando o caminho pelos padrões do Mestre, aí permanecerá a suprema claridade para a elevação [moral, e, com efeito, espiritual]. (Emmanuel, *Vinha de luz*, Cap. LXXXVIII)

O casamento na Terra frequentemente constitui uma prova muito difícil, mas redentora. Embora ainda sofra os imprevistos das separações prematuras entre os cônjuges, obedece a um programa previamente delineado na Erraticidade, em que dois Espíritos se comprometem de fornecer as vestimentas carnais para amigos e inimigos do passado. A despeito disso, não queremos aqui trazer quaisquer interpretações engessadas no que tange o assunto: separação ou divórcio entre casais. **Cada caso é um caso.**[6]

Bem sabemos, porém, que a companheira inexperiente abandonada no passado, ficando à míngua de todo auxílio, situando-a nas garras da delinquência, hoje podemos achá-la ao nosso lado, na presença da esposa conturbada e doente, a exigir-nos a permanência no culto infatigável da benevolência (cf. Emmanuel, *Ideal espírita*, Cap. LIII). O homem que desprezou a sua companheira honrada ou a mulher que traiu o seu companheiro digno só merecem existência desconfortável e vazia de afetos, ainda agravados pela imantação cármica a Espíritos (encarnados e desencarnados) de quilate inferior, que os ajudarão a sentir a gravidade de sua falta em existência anterior.

Apenas a título de melhor compreensão, o Espírito Joanna de Ângelis, pela psicografia de Divaldo Pereira Franco, agora no livro *Amor, imbatível amor*, Capítulo I, subtítulo com o mesmo nome da obra, classifica o amor em fases, a saber:

> Quando aparente – de caráter sensualista, que busca apenas o prazer imediato – se debilita e se envenena, ou se entorpece, dando lugar à frustração.
>
> Quando real, estruturado e maduro – que espera, estimula, renova – não se satura, é sempre novo e ideal, harmônico, sem altibaixos emocionais. Une as pessoas, porque reúne as almas, identifica-as no prazer geral da fraternidade, alimenta o corpo e dulcifica o eu profundo.
>
> [...] O amor atravessa diferentes fases: o infantil, que tem caráter possessivo, o juvenil, que se expressa pela insegurança, e o maduro, pacificador, que se entrega sem reservas e faz-se plenificador.
>
> Há um período em que se expressa como compensação, na fase intermediária entre a insegurança e a plenificação, quando dá e recebe, procurando liberar-se da *consciência de culpa*.
>
> O estado de prazer difere daquele de plenitude, em razão de o primeiro ser fugaz, enquanto o segundo é permanente, mesmo que sob a injunção de relativas aflições e problemas-desafios que podem e devem ser vencidos.
>
> Somente o amor real consegue distingui-los e os pode unir quando se apresentem esporádicos.

A ambição, a posse, a inquietação geradora de insegurança – ciúme, incerteza, ansiedade afetiva, cobrança de carinhos e atenções –, a necessidade de ser amado caracterizam o estágio do amor infantil. Obsessivo, dominador, que pensa exclusivamente em si antes que no ser amado.

A confiança, suave-doce e tranquila, a alegria natural e sem alarde, a exteriorização do bem que se pode e se deve executar, a compaixão dinâmica, a não-posse, não-dependência, não-exigência, são benesses do amor pleno, pacificador, imorredouro.

Nunca se impõe, porque é espontâneo como a própria vida e irradia-se mimetizando, contagiando de júbilos e de paz.

Expande-se como um perfume que impregna, agradável, suavemente, porque não é agressivo nem embriagador ou apaixonado...

O amor não se apega, não sofre a falta, mas frui sempre, porque vive no íntimo do ser e não das gratificações que o amado oferece.

Amigo leitor: em qual fase vos encontrais? Já viveis o amor fraternal (espiritual)? Em vosso relacionamento não requerdes retribuição de espécie alguma, continuando irresistível, firme e sólido, mesmo se desprezado e ferido? Não mais alimentais qualquer paixão? Encontrais equilibrados, e não visais, primeiramente, a ligações sexuais físicas, embora estas possam ocorrer como consequência de vosso amor fraternal, mas não como seu objetivo? Não há em vós mais nenhum movimento íntimo de ciúme, já que sabeis só o Espírito valer, nada custando as formas físicas? Já superais todos os defeitos (físicos e morais) do ser personalístico, não os levando jamais em consideração, visto que se ama o Espírito, a individualidade, e a personalidade é apenas uma casca exterior que hoje existe e amanhã termina? Já não mais levais em conta qualquer sacrifício que seja necessário fazer para o benefício espiritual da criatura amada, não se aceitando qualquer retribuição, nem vos magoando se não houver gratidão? Já usais da franqueza e lealdade para com o ser amado, jamais ocultando segredos? Ora, a vida não é um livro aberto diante do outro, mesmo quando se trate dos movimentos mais íntimos e ocultos?

Diz o Espírito Emmanuel, pela mediunidade de Francisco Cândido Xavier, na obra *Vinha de luz*, Capítulo XI:

> O Criador oferece à semente o sol e a chuva, o clima e o campo, a defesa e o adubo, o cuidado dos lavradores e a benção das estações; mas a semente terá que germinar por si mesma, elevando-se para a luz solar. O homem recebe, igualmente, o sol da Providência e a chuva das dádivas, as facilidades da cooperação e o campo da oportunidade, a defesa do amor e o adubo do sofrimento, o carinho dos mensageiros de Jesus e a bênção das experiências diversas; todavia, somos constrangidos a romper, por nós mesmos, os envoltórios inferiores, elevando-nos para a luz divina.

Sendo assim, em um relacionamento de qualquer grau – amizade, namoro, noivado ou casamento – jamais queiramos violentar o santuário de nenhuma criatura, nem mesmo por amor.

Somos simples hóspedes de um mundo que não nos pertence. Não somos seres humanos passando por uma experiência espiritual. Somos, sim, seres espirituais passando por uma experiência humana.[7]

Notas

1. Charles Baudelaire (1821-1867) foi um tradutor e crítico da arte francesa, e é reconhecido como fundador da poesia moderna.
2. Preferimos fazer essa nota explicativa, no formato de diálogo entre um aprendiz e seu preceptor. Chamá-los-emos aquele de Uss e seu conselheiro de Tiago. Ei-lo, abaixo:
   – Por qual razão o Espírito Joanna de Ângelis disse que o casamento "é o resultado natural do amor entre duas pessoas de sexos diferentes", quando observamos não poucos casamentos homoafetivos? Não há nessa informação preconceito? – questionou Uss.
   – Caro irmão. Os Espíritos nobres, que nos instruem, não estão ocupados com o que pensaremos sobre seus ditados. Ademais, o Espiritismo é uma doutrina de *fundo* e não de *forma*, conforme preceituou Allan Kardec em *Obras póstumas*, Capítulo VI. Em outras palavras: a Doutrina Espírita, por ser de origem divina, não trata de assuntos profanos, pois atinge a raiz da questão e não se atém às opiniões e desejos leigos – respondeu Tiago.
   – Você poderia explicar melhor esse assunto? – perguntou o discípulo amigo.
   – Sim. Para tanto, precisarei lhe trazer algumas leis indeléveis. Por exemplo: o mais popular exemplo de magnetismo não humano é o magnetismo do imã. Se começarmos a aproximar dois pequeninos imãs, antes mesmo de encostarmos um no outro, notaremos que, a partir de uma determinada distância pequena (1cm), o magnetismo de um imã já começará a ATUAR no magnetismo do outro imã, em duas diferentes hipóteses: I) Se os polos forem diferentes, um imã ATRAIRÁ o outro. II) Se os polos forem iguais, um imã REPELIRÁ o outro. Há de se notar que se

repetirmos a mesma experiência com os mesmos imãs, constataremos que a ação magnética entre aqueles dois só será iniciada, sempre, a partir da mesma determinada distância. Nunca antes e nunca depois. Portanto, cada imã tem o seu próprio envoltório (campo) magnético, comprovadamente invisível ao olho humano, cujas dimensões variam de imã para imã, porém constante em cada imã. Por isso, a reação entre dois determinados imãs inicia-se invariavelmente a partir de uma mesma determinada distância, sem nenhuma exceção.

Outro exemplo: todos nós conhecemos a força centrífuga, e dela já sentimos os efeitos. Ela fica de prontidão o tempo todo, contudo só se manifestará e atuará se for atendida uma única e determinada condição: quando algo (um indivíduo, um cachorro, um avião, um carro, um trem, etc.) estiver em movimento VELOZ e fizer uma CURVA. Vamos supor que um motorista esteja dirigindo seu carro à 100km/h, em linha reta. A força centrífuga existe, e está à postos, mas não atua sobre o carro. De repente, sem diminuir a velocidade, ele gira abruptamente o volante para o lado direito. O veículo será projetado para o lado esquerdo, para fora da estrada, provavelmente derrapando e capotando várias vezes. Quem empurrou o carro para a direção oposta (na direção do raio de curvatura e no sentido de dentro para fora da curva) àquela que o motorista conduziu foi a força centrífuga. Sempre foi assim, depois de descoberta, e sempre será assim, pelo menos em nosso planeta Terra.

Mais um exemplo, caro irmão: um Humano Ser é capaz de levantar 50 kg, 100 kg, 200 kg ou mais; no entanto, uma tonelada jamais. Um guindaste pode levantar 50 tonelada, 100 toneladas ou mais; contudo, um milhão ou um trilhão de toneladas jamais. Será que existe algum engenho, fabricado pelo Homem, capaz de levantar ou movimentar bilhões, trilhões de toneladas ou muito mais? Iluminar, com grande potência, à distância de centenas de milhões de quilômetros, ou muito mais? Levar potentíssimo calor à distância de centenas de milhões de quilômetros, ou muito mais? A resposta, creio eu, você já sabe que logicamente não. Inobstante, no Universo existem magnetismos não humanos capazes de executar todas essas proezas, e até muito mais! São magnetismos não humanos, rigorosamente regulares, cíclicos e precisos, como se fossem controlados com perfeição absoluta por um supercomputador cuja eficácia é totalmente inimaginável para nós! O que dizer de nosso satélite natural (a lua), distante 360.000 km da Terra, ter um magnetismo tão poderoso que, de tamanha distância, consegue levantar e abaixar as águas de todos os oceanos da Terra. E faz isso com total regularidade e completa precisão, como se fosse controlada por um supercomputador. Para a felicidade dos navegadores, existem precisas tábuas de marés, calculadas com antecedência de anos.

A massa da Terra é de 6 sextilhões de toneladas. Dois magnetismos não humanos giram, ininterrupta e simultaneamente, todo o gigantesco peso da Terra, tanto no movimento de *rotação* (1.600 km/h) como no de *translação* (107.000 km/h). Esses dois movimentos simultâneos são rigorosamente regulares, cíclicos e precisos, como se fossem controlados por um "inimaginável programador". E mais: por que não percebemos nada disso? Porque a Terra tem uma força de gravidade tão poderosa que, por um lado, anula completamente os efeitos dessas duas incríveis viagens simultâneas à incríveis velocidades, e, por outro lado, sempre nos mantém na segurança da superfície de nosso "planeta azul", dando-nos a impressão de que a Terra está imóvel no espaço. E tem mais! Enquanto executamos essas duas viagens simultâneas, o Sol também está em movimento, o que significa que executamos um terceiro movimento simultâneo – concluiu o inteligente professor.

– Mas o que tudo isso tem a ver com o casamento ser a união de duas pessoas com sexos diferentes? – interrogou o aluno interessado.

– Tudo, prezado amigo. Veja bem: a abelha, muito admirada e respeitada pela sua competência em administrar a indústria do mel, possui 7 mil neurônios, comparados com os 20 bilhões que possuímos somente no córtex cerebral. O que mais nos impressiona é que ela distingue as cores do violeta ao amarelo; calcula a inclinação dos raios solares, com um erro de 2 a 3 graus; percorre sem falha o caminho de volta à colmeia; isso tudo sem falar dos trabalhos rotineiros, como construir o primoroso e elegante silo dos favos para guardar o mel, cuidar da rainha-mãe, limpar, ventilar, vedar e fazer pequenos reparos de manutenção na habitação coletiva e comunicar-se com as companheiras. O cérebro delas? Um volume apenas de 0,74 milímetro cúbico. O nosso? Mais de 1.500 centímetros cúbicos. E olha que o da rainha ainda é menor, ou seja, 0,71 mm cúbico. O do zangão é um prodígio cerebral, com 1,175 mm cúbico. Talvez seja pelos seus olhos grandes que precisa para localizar a futura rainha, no voo nupcial, mesmo "sabendo" ser a sua única chance na vida, pois "sabe" que irá morrer assim que copular com sua parceira. Que perfeição a Natureza (a Lei Divina), não?

Observe o que lhe direi agora: tanto no óvulo como no espermatozoide há um par de cromossomos responsáveis pela determinação do sexo. Os cromossomos sexuais do espermatozoide podem ser de dois tipos: X e Y; e os do óvulo são sempre X. Se o espermatozoide que fecunda o óvulo no ato sexual tem cromossomo Y, a criança será do sexo masculino (XY); se o cromossomo é X, nascerá uma menina (XX). Dessa forma, desde o instante da concepção, a criança já tem seu sexo determinado. Quando a criatura humana está pronta para nascer, sua ligação primeira se faz no óvulo, ainda na trompa de Falópio. Para nós, os espíritas, bem sabemos que o Espírito NÃO ENTRA no óvulo – apenas SE LIGA, permanecendo de fora, a ele preso apenas pelo cordão de prata (perispírito). Do óvulo, ele irradia suas vibrações que vão atrair o exato espermatozoide que é portador dos genes que sintonizam vibratoriamente com o Espírito reencarnante, e que, portanto, lhe poderá fornecer um corpo especificamente apropriado a essa etapa evolutiva, com as qualidades e deficiências que haveis mister.

Desse modo, como podemos pensar que não há, por trás de todo esse fenômeno (a fecundação), um "Geneticista Divino", pois sempre foi assim, no Reino Hominal, na Terra, o "*modus operandi*" da concepção de um novo ser a reencarnar? Ou você me diria, Uss, que a Lei (Deus) ERROU dando um corpo feminino ou masculino aos que precisam tê-los naquela vilegiatura carnal? – perguntou Tiago.

– Não, sábio mestre. Deus, em cujo pensamento e vontade é conhecido por suas leis imutáveis, nada faz de errado. Em Sua onisciência e onipresença há um indiscutível equilíbrio. Não há acaso. Tudo na Natureza é magistral, primoroso – respondeu aquele aluno sedento pela Verdade.

– Sim; você está correto. Então não se pode negar que o Humano Ser, ao reencarnar no sexo feminino ou masculino, é assim que haveis mister, e, com isso, a diferença dos sexos tem que ter um objetivo primeiro no orbe terráqueo: a procriação – asseverou o singular docente.

– Concordo. E se a Lei Divina é primorosa, inequívoca, por que, então, vemos tanto no sexo masculino como no feminino a genitália perfeitamente definida, mas a conjuntura psicológica não corresponde a realidade física? Melhor dizendo: por qual razão vemos uma organização somática masculina, mas com a "psique" feminina, como também aqueles do sexo feminino com as emoções, atitudes e tendências masculinas?

– Um Espírito nobre, chamado Ramatís, que já encarnou algumas vezes entre os terrícolas, em seu livro *Sob a luz do Espiritismo*, Capítulo IX, nos ensina que a "homossexualidade de modo algum pode ofender as leis espirituais, porquanto, em nada, a atividade humana fere os mestres espirituais, assim como a estultícia do aluno primário não pode causar ressentimentos no professor ciente das atitudes próprias dos alunos imaturos. Pecados e virtudes em nada ofendem ou louvam o Senhor; porém definem o que é 'melhor' ou pior para o próprio ser, buscando a sua felicidade, ainda que por caminhos intrincados dos mundos materiais, sem estabilidade angélica. A homossexualidade não é uma conduta dolosa perante a moral maior, mas diante da falsa moral humana, porque os legisladores, psicólogos e mesmo cientistas do mundo [infelizmente] ainda não puderam definir o problema complexo dos motivos da homossexualidade, entretanto, muitos o consideram mais de ordem moral do que técnica, científica, genética ou endócrina. É assunto que não se soluciona sobre as bases científicas materialistas, porque **só podereis entendê-lo e explicá-lo, dentro dos princípios da reencarnação**. Evidentemente, não se pode esclarecer o motivo da homossexualidade quando explicado exclusivamente pela maioria do mundo heterossexual, tal qual não pode explicar certos estados sublimes ou depressivos dos humanos quem não tenha vivido o mesmo fenômeno. Não bastam conclusões simplistas, pesquisas psicológicas e indagações científicas mundanas para explicar com êxito as causas responsáveis pelo homossexualismo. Milhões de homens e mulheres são portadores dessa **ano-**

malia, e requerem a atenção e o estudo cuidadoso de suas reações e comportamento, não meramente que os julguem censuráveis à luz dos princípios e costumes morais da civilização retrógrada e mistificadora. Sob a égide da severa advertência do Cristo, em que 'não julgueis para não serdes julgados', quem julgar a situação da criatura homossexual de modo antifraterno e mesmo insultuoso, não há dúvida de que a Lei, em breve, há de situá-lo na mesma condição desairosa, na próxima encarnação, pois, também é de Lei 'ser dado a cada um segundo a sua obra'. Considerando-se nada existir com propósito nocivo, fescenino [obsceno], imoral ou anormal, as tendências homossexuais são resultantes da técnica da própria atividade do espírito imortal, através da matéria educativa. **Elas situam o ser numa faixa de prova ou de novas experiências, para despertar-lhe e desenvolver-lhe novos ensinamentos sobre a finalidade gloriosa e a felicidade da individualidade eterna.** Não se **trata de um equívoco da criação, porquanto não há erro nela, apenas experimento, obrigando a novas aquisições, melhores para as manifestações da vida.** Assim, o companheiro atribulado, ou de tendência homossexual, precisa mais de amparo educativo, da instrução espiritual correta referente ao entendimento dos acontecimentos reencarnatórios e da fenomenologia de provas cármicas. Os erros e acertos da alma, principalmente no campo do amor e do sexo, sejam quais forem as linhas de força dirigentes nessa ou naquela direção, são problemas que recebem a mesma análise e solução justa por parte da Lei, seja qual for a procedência, correta ou equivocada. São assuntos da consciência de todos os Homens, pois, de acordo com a Justiça e a Sabedoria, quem ainda não passou por provas semelhantes e condena ou insulta o próximo há de enfrentá-las dia mais ou dia menos, a fim de sentir, na própria carne, não o erro do próximo, mas o remorso do mau julgamento espiritual. [...] Enquanto a moral humana é um recurso de equilíbrio, sobrevivência pacífica e disciplina entre os cidadãos, tendo por apanágio o acatamento às leis, costumes, preceitos sociais, respeito à propriedade alheia, vivência regrada sem licenciosidade pelos bons hábitos considerados os melhores no momento, a Moral Universal é fundamentada, exclusivamente, no Amor. Imoral, portanto, é todo cidadão encarnado que falta com o preceito fundamental da vida espiritual superior – o amor. Se a homossexualidade é imoral, pelos conceitos passageiros da moral humana, também são imorais os cidadãos que julgam seus irmãos, incorrendo culposamente na falta de amor. [...] Considerando-se ser o amor saúde espiritual e o ódio, enfermidade, toda transgressão da Lei do amor pode ser enquadrada na terminologia patológica, ora de menos ou de mais gravidade, neste ou naquele setor. Embora saibamos ser a doença fruto fundamental do desequilíbrio físico, ou psíquico, ou de ambos, de qualquer forma a enfermidade sempre decorre da negligência espiritual do Homem para com as leis superiores no campo da virtude e do vício. Assim, **tanto pode ser apontada por enfermidade a tendência homossexual quanto a hipocrisia, a maledicência, a avareza, a inveja, a luxúria, a ira, a preguiça e a própria gula, assim classificadas pela espiritualidade**. Em consequência, o problema da homossexualidade não é quanto à sua classificação legal ou científica, mas o de amparo afetuoso por todos, que se julgam sadios na sua heterossexualidade. Na verdade, a maioria das criaturas homossexuais não sabe bem o que lhes acontece, e, assim, não pode ser culpada de uma situação cuja causa desconhece conscientemente. Daí, a necessidade de ajuda por outros que podem examinar, analisar e concluir de modo mais exato quanto às providencias favoráveis ou, pelo menos, maior compreensão e tolerância. **O homossexual, em geral, é uma alma confusa, sujeita a impulsos ocultos, não tendo a percepção das causas ou dos motivos que o levam à erotização pelo mesmo sexo.** É de conceito comum, mesmo entre as pessoas sem conhecimento psicológico, ser o sexo uma força poderosa e atuante no ser humano, capaz de conduzi-lo às piores perversões, delinquência e até crimes, pela satisfação animal imediata. O desejo sexual pode cegar o Homem mais culto, mais sábio e mesmo o líder religioso, o sacerdote impoluto, pois a história é pródiga de exemplos de mentalidades de poderosa criatividade deixarem se dominar por ele e rebaixarem-se, até degradarem-se por uma paixão incomum, pela avidez da satisfação sexual. **Entretanto, é doloroso notar serem tais desregramentos sexuais mais frequentes entre as criaturas heterossexuais, ou sejam, as que são julgadas normais e sadias.** Portanto, como julgar a manifestação dessa energia poderosa canalizada para o homossexualismo, gerando contradições inexplicáveis? Logo, a mais correta e louvável atitude espiritual ainda é 'ajudar' e 'não julgar' as almas estigmatizadas socialmente pelos desvios da sexualidade. [...] **O homossexual não pode ser considerado um delinquente, um excluído social, porque exerce um trabalho, é capaz de amar, de servir, integrando-se à comunidade.** Sem dúvida, há espanto, preconceito e opróbrio por parte dos heterossexuais, ante a sua impossibilidade de compreender a capacidade ou a desventura de uma pessoa amar outra do seu próprio sexo. No entanto, aqueles que entendem e reconhecem as minúcias do mecanismo e da motivação reencarnatória entendem, facilmente, que o afeto espiritual transcende as transitórias formas das personalidades físicas, embora o acontecimento incomum de um ser amar o outro do mesmo sexo possa provocar estranheza e até repugnância. [...] Demonstramos serem as diferenças da atividade sexual resultado das necessidades reencanatórias de cada espírito, e, portanto não nos cabe criticar, estigmatizar, porém, simplesmente, tolerar, ajudar e ver, em cada pessoa, um irmão, o que realmente somos diante da natureza".

– Compreendi. Teria alguma coisa a mais para me esclarecer? – indagou Uss.

– Sim. O Espírito Emmanuel, no livro *Vida e sexo*, Capítulo XXI, diz que "a homossexualidade, também hoje chamada transexualidade, em alguns círculos de ciência, definindo-se, no conjunto de suas características, por tendência da criatura para a comunhão afetiva com uma outra criatura do mesmo sexo, não encontra explicação fundamental nos estudos psicológicos que tratam do assunto em bases materialistas, mas é perfeitamente compreensível à luz da reencarnação. Observada a ocorrência, mais com os preconceitos da sociedade, constituída na Terra pela maioria heterossexual, do que com as verdades simples da vida, essa mesma ocorrência vai crescendo de intensidade e de extensão, com o próprio desenvolvimento da Humanidade, e o mundo vê, na atualidade, em todos os países, extensas comunidades de irmãos em experiência dessa espécie, somando milhões de homens e mulheres, solicitando atenção e respeito, em pé de igualdade ao respeito e à atenção devidos às criaturas heterossexuais. **A coletividade humana aprenderá, gradativamente, a compreender que os conceitos de normalidade e de anormalidade deixam a desejar quando se trate simplesmente de sinais morfológicos, para se erguerem como agentes mais elevados de definição da dignidade humana, de vez que a individualidade, em si, exalta a vida comunitária pelo próprio comportamento na sustentação do bem de to-**

dos ou a deprime pelo mal que causa com a parte que assume no jogo da delinquência. A vida espiritual pura e simples se rege por afinidades eletivas essenciais; no entanto, através de milênios e milênios, o Espírito passa por fileira imensa de reencarnações, ora em posição de feminilidade, ora em condições de masculinidade, o que sedimenta o fenômeno da bissexualidade, mais ou menos pronunciado, em quase todas as criaturas. O homem e a mulher serão, desse modo, de maneira respectiva, acentuadamente masculino ou acentuadamente feminina, sem especificação psicológica absoluta. A face disso, a individualidade em trânsito, da experiência feminina para a masculina ou vice-versa, ao envergar o casulo físico, demonstrará fatalmente os traços da feminilidade em que terá estagiado por muitos séculos, em que pese ao corpo de formação masculina que o segregue, verificando-se análogo processo com referência à mulher nas mesmas circunstâncias. Obviamente compreensível, em vista do exposto, que o Espírito no renascimento, entre os homens, pode tomar um corpo feminino ou masculino, não apenas atendendo-se ao imperativo de encargos particulares em determinado setor de ação, como também no que concerne a obrigações regenerativas. O homem que abusou das faculdades genésicas, arruinando a existência de outras pessoas com a destruição de uniões construtivas e lares diversos, em muitos casos é induzido a buscar nova posição, no renascimento físico, em corpo morfologicamente feminino, aprendendo, em regime de prisão, a reajustar os próprios sentimentos, e a mulher que agiu de igual modo é impulsionada à reencarnação em corpo morfologicamente masculino, com idênticos fins. E, ainda, em muitos outros casos, Espíritos cultos e sensíveis, aspirando a realizar tarefas específicas na elevação de agrupamentos humanos e, consequentemente, na elevação de si próprios, rogam dos Instrutores da Vida Maior que os assistem a própria internação no campo físico, em vestimenta carnal oposta à estrutura psicológica pela qual transitoriamente se definem. Escolhem com isso viver temporariamente ocultos na armadura carnal, com o que se garantem contra arrastamentos irreversíveis, no mundo afetivo, de maneira a perseverarem, sem maiores dificuldades, nos objetivos que abraçam. Observadas as tendências homossexuais dos companheiros reencarnados nessa faixa de prova ou de experiência, é forçoso se lhes dê o amparo educativo adequado, tanto quanto se administra instrução à maioria heterossexual. E para que isso se verifique em linhas de justiça e compreensão, caminha o mundo de hoje para mais alto entendimento dos problemas do amor e do sexo, porquanto, à frente da vida eterna, os erros e acertos dos irmãos de qualquer procedência, nos domínios do sexo e do amor, são analisados pelo mesmo elevado gabarito de Justiça e Misericórdia. Isso porque todos os assuntos nessa área da evolução e da vida se especificam na intimidade da consciência de cada um".

De resto, o Espírito Joanna de Ângelis, a mesma entidade, Uss, que lhe gerou uma dúvida importante, alude, em seu livro *Estudos espíritas*, Capítulo XX, que "incontestavelmente impressos nos painéis do psicossoma os comprometimentos morais em que o ser se emaranhou, estes impõem a necessidade da limitação, como presídio de urgência, no homossexualismo, no hermafroditismo, na frigidez e noutros capítulos da Patologia Médica, nos casos dos atentados ao pudor, traduzindo todos eles o impositivo da Lei Divina que convoca os infratores ao imperioso resgate, de modo a que se reorganizem nesta ou naquela forma, masculina ou feminina, a fim de moralizar--se, corrigir-se e não se corromper, mergulhando em processos obsessivos e alucinatórios muito mais graves, que logo mais padecerão".

Posto isso, caro Uss, em nosso planeta, sendo o mais imperfeito (moral e espiritualmente) do Sistema Solar, ficando abaixo, inclusive, de Plutão, que a partir de 2006 assumiu, pela União Astronômica Internacional (IAU), a posição de *planeta anão*, não há, de modo geral, uma completa harmonização entre o corpo físico e o Espírito – isto é, não existe uma profunda harmonia na relação entre o gênero sexual e a energia íntima emanada do Espírito. Malgrado, aqueles que se encontram nessa distonia entre a *psique* e o corpo somático reclamam-nos o máximo respeito, amor incondicional, carinho e amizade verdadeira. O fenômeno *homossexualismo*, em si mesmo, impõe aos que por ele estão assinalados um regime de imperiosas disciplinas em sentido amplo, capazes de ensejar à alma, se atendidas, bênção de venturas crescentes a projetarem luzes de paz, de harmonia para o amanhã.

O Humano Ser possui vários plexos em seu corpo físico, a saber: plexos carotídeo e cavernoso, plexos cervical e laríngeo, plexo braquial, plexo cardíaco, plexo solar (epigástrico), plexo lombar e o plexo sacro. É oportuno observar que muitos casos de homossexualismo (em ambos os sexos) se devem a obsessão no plexo sacro, que, pela atuação continuada, desvia a sensibilidade dos canais normais para outros setores, forçando a vítima a buscar satisfação por meios contrários à natureza.

– Consegui lhe ajudar, caro Uss? – questionou Tiago.

– Sim; perfeitamente – respondeu o discípulo amado de seu mestre.

3. Na obra *Plenitude*, Capítulo III, o Espírito Joanna de Ângelis alude que:

Loucura do amor não atendido, o ódio revela a presença predominante dos instintos agressivos vigentes, suplantando os sentimentos que devem governar a vida.

Jamais havendo motivo que lhe justifique a existência, o ódio é responsável pelas mais torpes calamidades sociais e humanas de que se tem conhecimento.

Quando se instala com facilidade, expande as suas raízes como tenazes vigorosas, que estrangulam a razão, transformando-se em agressividade e violência, em constante manifestação.

Em determinados temperamentos, é qual uma chispa insignificante em um monte de feno, produzindo um incêndio devorador. Por motivo de somenos importância, explode e danifica em derredor.

O ódio é causador de muitos sofrimentos.

4. No livro *Estudando a mediunidade*, no Capítulo XVIII, do escritor espírita Martins Peralva (1918-2007), encontra-se, de forma bem clara, os tipos de casamento em nosso orbe terrestre:

> Transcendentais: São casamentos afins entre almas enobrecidas, que, juntas, vão dedicar-se a obras de grande valor para a Humanidade. Raros os casos aqui na Terra.
>
> Afins: São aqueles formados por parceiros simpáticos, afins, onde há uma verdadeira afeição da alma. Geralmente, eles sobrevivem à morte do corpo e mantém-se a afeição em encarnações diversas. Pouco comuns na Terra.
>
> Provacionais: São uniões entre almas mutuamente comprometidas, que estão juntas para pacificarem as consciências ante erros graves perpetrados no passado, e simultaneamente desenvolverem os valores da paciência, da tolerância e da resignação. São os mais comuns.
>
> Sacrificiais: São aqueles que se caracterizam por uma grande diferença evolutiva entre os cônjuges. Um Es-

pírito de mais alta envergadura que aceita o consórcio com outro menos adiantado para ajudá-lo em seu progresso espiritual.

Acidentais: São os casamentos que não foram programados no mundo espiritual. Obedecem apenas à afeição física, sem raízes na afetividade sincera.

5. Não são poucas as pessoas que procuram inutilmente o que é impossível encontrar em outras pessoas – a felicidade terrena. Se procurassem por alegrias celestes, elas lhes dariam a paz espiritual. Muitos casam-se procurando *ser* feliz. É um erro pensar assim. Devemos nos casar para *fazer* o outro feliz, e não, egoisticamente, desejar a própria felicidade. Se a outra parte não age dessa maneira, permaneçamos tranquilos sem esquecer que a felicidade do cônjuge é a nossa felicidade. O amor amadurecido é estágio mais elevado do sentimento. A criatura humana somente atinge a plenitude quando ama verdadeiramente. Enquanto anseia e busca ser amado, foge à responsabilidade de amar e padece na infância emocional. O verdadeiro amor é uma irradiação da alma, um luar interior, que se propaga de quem o emite a todos; tudo faz para felicidade alheia; não deseja ser correspondido; é todo excelsitude; sacrifica-se por todos, indistintamente, porque é semelhante à seiva, que nutre tanto a rosa quanto alimenta o espinho dilacerante. **O verdadeiro amor prefere a morte, o desprezo e todos os suplícios a causar dor, por menor que seja, a alguém**. Esse é o amor ensinado por Jesus, capaz de todas as imolações!

6. O divórcio, nos dias de hoje, está pautado na decisão da Emenda Constitucional nº 9, de 28 de junho de 1977, regulamentada pela Lei nº 6.515, de 26 de dezembro do mesmo ano. Portanto, não faz muito tempo que a separação entre casais, perante as leis dos Homens, vige em nosso território nacional.

O que importa, porém, é que:

> O divórcio é lei humana que tem por objeto separar legalmente o que já, de fato, está separado. Não é contrário à Lei de Deus, pois que apenas reforma o que os homens hão feito e só é aplicável nos casos em que não se levou em conta a Lei divina.
>
> [...] Nem mesmo Jesus consagrou a indissolubilidade absoluta do casamento. Não disse Ele: "Foi por causa da dureza dos vossos corações que Moisés permitiu despedísseis vossas mulheres"? Isso significa que, já ao tempo de Moisés, não sendo a afeição mútua a única determinante do casamento, a separação podia tornar-se necessária. (Allan Kardec, *O Evangelho segundo o Espiritismo*, Cap. XXII, item 5)

Cabe aqui uma contextualização. Na Lei Mosaica, só a mulher casada e a noiva podiam cometer adultério. O homem tinha plena liberdade de ação: se tivesse relações sexuais com moças solteiras, nada de mal havia; no máximo, se fosse colhido em flagrante, pagava uma multa de 500 ciclos de prata ao pai da moça e a levava como uma esposa mais (cf. Dt 22:28-29), podendo assim ampliar à vontade o seu harém, desde que pudesse sustentá-las. Simplesmente, pois, "comprava" mais uma propriedade ao pai – antigo "dono" da donzela.

A mulher é que, se casada, não podia entregar-se a outro homem, pois esse fato constituía um roubo ao marido dela, já que ela era propriedade dele. Por isso, o adultério era uma infidelidade ao seu senhor. A Lei Mosaica mandava que, se eles fossem surpreendidos em flagrante, deveriam ambos serem mortos a pedradas, caso a mulher tivesse marido ou noivo (cf. Lv 20:10 e Dt 22:23); a ela, porque fora infiel a seu dono; a ele, porque lesara uma propriedade alheia.

O que defendemos veementemente nos casos de divórcio é que haja entre o casal, depois de separados, mútuo respeito, carinho, consideração, solidariedade, e, sem embargo, que permaneçam amigos porque a fraternidade é a chama que mantêm acesa a vela da Lei do Progresso.

Nos faz lembrar de um casal em que a esposa foi trocada por outra mulher, e, com isso, o marido deixou-a. A mulher preterida vivia os ensinamentos do Crucificado na sua mais pura feição. Foi aí que resolveu fazer uma carta ao então ex-marido, e entregou-a quando ele se despedia dela, indo embora do lar. Aquele homem, ao abrir a missiva em local reservado, ficou estupefato com aquela narrativa, que assim estava exarada: "Querido F... Quando eu te perdi, tu e eu perdemos. Eu perdi, porque tu eras quem eu mais amava. Tu perdeu, porque eu era quem te amava mais. Porém, de nós dois, tu perdes mais que eu, visto que ninguém vai te amar como eu te amei".

Essa atitude da mulher deixada para trás demonstra sabedoria – portanto, devotamento e abnegação –, pois mesmo sendo rejeitada continuou amando (verdadeiramente) seu ex-esposo.

Encerraremos essa nota com um caso interessante, narrado na obra *Nosso lar*, Capítulo XXXVIII, pelo Espírito André Luiz, através da psicografia de Francisco Cândido Xavier. Vejamo-lo:

> No terceiro dia de trabalho, alegrou-me Tobias com agradável surpresa. Findo o serviço, ao entardecer, de vez que outros se incumbiram da assistência noturna, fui fraternalmente levado à residência dele, onde me aguardavam belos momentos de alegria e aprendizado.
>
> Logo de entrada, apresentou-me duas senhoras, uma já idosa e outra bordejando a madureza. Esclareceu que esta era sua esposa e aquela, irmã. Luciana e Hilda, afáveis e delicadas, primaram em gentilezas.

Reunidos na formosa biblioteca de Tobias, examinamos volumes maravilhosos na encadernação e no conteúdo espiritual. A senhora Hilda convidou-me a visitar o jardim, para que pudesse observar, de perto, alguns caramanchões de caprichosos formatos. Cada casa, em "Nosso Lar", parecia especializar-se na cultura de determinadas flores. Em casa de Lísias, as glicínias e os lírios contavam-se por centenas; na residência de Tobias, as hortênsias inumeráveis desabrochavam nos verdes lençóis de violetas. Belos caramanchões de árvores delicadas, recordando o bambu ainda novo, apresentavam no alto uma trepadeira interessante, cuja especialidade é unir frondes diversas, à guisa de enormes laços floridos, na verde cabeleira das árvores, formando gracioso teto.

Não sabia traduzir minha admiração. Embalsamava-se a atmosfera de inebriante perfume. Comentávamos a beleza da paisagem geral, vista daquele ângulo do Ministério da Regeneração, quando Luciana nos chamou ao interior, para leve refeição.

Encantado com o ambiente simples, cheio de notas de fraternidade sincera, não sabia como agradecer ao generoso anfitrião.

A certa altura da palestra amável, Tobias acrescentou, sorridente:

— O meu amigo, a bem dizer, é ainda novato em nosso Ministério e talvez desconheça o meu caso familiar.

Sorriam ao mesmo tempo as duas senhoras; e, observando-me a silenciosa interpelação, o dono da casa continuou:

— Aliás, temos numerosos núcleos nas mesmas condições. Imagine que fui casado duas vezes...

E, indicando as companheiras de sala, prosseguiu num gesto de bom humor:

— Creio nada precisar esclarecer quanto às esposas.

— Ah! Sim – murmurei extremamente confundido –, quer dizer que as senhoras Hilda e Luciana compartilharam das suas experiências na Terra...

— Isso mesmo respondeu tranquilo.

Nesse ínterim, a senhora Hilda tomou a palavra, dirigindo-se a mim:

— Desculpe o nosso Tobias, irmão André. Ele está sempre disposto a falar do passado, quando nos encontramos com alguma visita de recém-chegados da Terra.

— Pois não será motivo de júbilo – aduziu Tobias bem-humorado –, vencer o monstro do ciúme inferior, conquistando, pelo menos, alguma expressão de fraternidade real?

— De fato – objetei –, o problema interessa profundamente a todos nós. Há milhões de pessoas, nos círculos do planeta, em estado de segundas núpcias. Como resolver tão alta questão afetiva, considerando a espiritualidade eterna? Sabemos que a morte do corpo apenas transforma sem destruir. Os laços da alma prosseguem, através do Infinito. Como proceder? Condenar o homem ou a mulher que se casaram mais de uma vez? Encontraríamos, porém, milhões de criaturas nessas condições. Muitas vezes já lembrei, com interesse, a passagem evangélica em que o Mestre nos promete a vida dos anjos, quando se referiu ao casamento na Eternidade.

— Forçoso é reconhecer, todavia, com toda a nossa veneração ao Senhor – atalhou o anfitrião, bondoso –, que ainda não nos achamos na esfera dos anjos e, sim, dos Homens desencarnados.

— Mas, como solucionar aqui semelhante situação? – perguntei.

Tobias sorriu e considerou:

— Muito simplesmente; reconhecemos que entre o irracional e o Homem há enorme série gradativa de posições. Assim, também, entre nós outros, o caminho até o anjo representa imensa distância a percorrer. Ora, como podemos aspirar à companhia de seres angélicos, se ainda não somos nem mesmo fraternos uns com os outros? Claro que existem caminheiros de ânimo forte, que se revelam superiores a todos os obstáculos da senda, por supremo esforço da vontade; mas a maioria não prescinde de pontes ou do socorro de guardiães caridosos. Em vista dessa verdade, os casos dessa natureza são resolvidos nos alicerces da fraternidade legítima, reconhecendo-se que o verdadeiro casamento é de almas e essa união ninguém poderá quebrantar.

Nesse instante, Luciana, que se mantinha silenciosa, interveio, acrescentando:

– Convém explicar, todavia, que tudo isso, felicidade e compreensão, devemos ao espírito de amor e renúncia de nossa Hilda.

A senhora Tobias, no entanto, demonstrando humildade digna, acentuou:

– Calem-se. Nada de qualidades que não possuo. Buscarei sumariar nossa história, a fim de que nosso hóspede conheça meu doloroso aprendizado.

E continuou, depois de fixar um gesto de narradora amável:

– Tobias e eu nos casamos na Terra, quando ainda muito jovens, em obediência a sagradas afinidades espirituais. Creio desnecessário descrever a felicidade de duas almas que se unem e se amam verdadeiramente no matrimônio. A morte, porém, que parecia enciumada de nossa ventura, subtraiu-me do mundo, por ocasião do nascimento do segundo filhinho. Nosso tormento foi, então, indescritível. Tobias chorava sem remédio, ao passo que eu me via sem forças para sufocar a própria angústia. Pesados dias de Umbral abateram-se sobre mim. Não tive remédio senão continuar agarrada ao marido e ao casal de filhinhos, surda a todo esclarecimento que os amigos espirituais me enviavam, por intuição. Queria lutar, como a galinha ao lado dos pintainhos. Reconhecia que o esposo necessitava reorganizar o ambiente doméstico, que os pequeninos reclamavam assistência maternal. Tornava-se a situação francamente insuportável. Minha cunhada solteira não tolerava as crianças e a cozinheira apenas fingia dedicação. Duas amas jovens pautavam toda a conduta pessoal, pela insensatez. Não pôde Tobias adiar a solução justa e, decorrido um ano da nova situação, desposou Luciana, contrariando meus caprichos. Ah! Se soubesse como me revoltei! Semelhava-me a uma loba ferida. Minha ignorância deu até para lutar com a pobrezinha, tentando aniquilá-la. Foi aí que Jesus me concedeu a visita providencial de minha avó materna, desencarnada havia muitos anos. Chegou ela como quem nada desejava, enchendo-me de surpresa, sentou-se a meu lado, pôs-me em seguida ao colo, como noutro tempo, e perguntou-me lacrimosa: "Que é isso, minha neta? Que papel é o seu na vida? Você é leoa ou alma consciente de Deus? Pois nossa irmã Luciana serve de mãe a seus filhos, funciona como criada de sua casa, é jardineira do seu jardim, suporta a bílis do seu marido e não pode assumir o lugar provisório de companheira de lutas, ao lado dele? É assim que o seu coração agradece os benefícios divinos e remunera aqueles que o servem? Quer você uma escrava e despreza uma irmã? Hilda! Hilda! Onde está a religião do Crucificado que você aprendeu? Oh! minha pobre neta, minha pobre!..." Abracei-me, então, em lágrimas, com a velhinha santa e abandonei o antigo ambiente doméstico, vindo em companhia dela para os serviços de "Nosso Lar". Desde essa época, tive em Luciana mais uma filha. Trabalhei, então, intensamente. Consagrei-me ao estudo sério, ao melhoramento moral de mim mesma, busquei ajudar a todos, sem distinção, em nosso antigo lar terrestre. Constituiu Tobias uma família nova, que passou a me pertencer, igualmente, pelos sagrados laços espirituais. Mais tarde, voltou ele, reunindo-se a mim, acompanhado de Luciana, que veio também ter conosco para nossa completa alegria. E aí tem, meu amigo, a nossa história...

Luciana, contudo, tomou a palavra e observou:

– Não disse ela, porém, quanto se tem sacrificado, ensinando-me com exemplos.

– Que dizes, filha? – perguntou a senhora Tobias, acariciando-lhe a destra.

Luciana sorriu e ajuntou:

– Mas, graças a Jesus e a ela, aprendi que há casamento de amor, de fraternidade, de provação, de dever, e, no dia em que Hilda me beijou, perdoando-me, senti que meu coração se libertara desse monstro que é o ciúme inferior. O matrimônio espiritual realiza-se, alma com alma, representando os demais, simples conciliações indispensáveis à solução de necessidades ou processos retificadores, embora todos sejam sagrados.

– E assim construímos nosso novo lar, na base da fraternidade legítima – acrescentou o dono da casa.

Aproveitando o ligeiro silêncio que se fizera, indaguei:

– Mas como se processa o casamento aqui?

– Pela combinação vibratória – esclareceu Tobias, atencioso –, ou então, para ser mais explícito, pela afinidade máxima ou completa.

Incapaz de sopitar a curiosidade, esqueci a lição de bom tom e interroguei:

– Mas, qual a posição de nossa irmã Luciana neste caso?

Antes, porém, que os cônjuges espirituais respondessem, foi a própria interessada que explicou:

– Quando desposei Tobias, viúvo, já devia estar certa de que, com todas as probabilidades, meu casamento seria uma união fraternal, acima de tudo. Foi o que me custou a compreender. Aliás, é lógico que, se os consortes padecem inquietação, desentendimento, tristeza, estão unidos fisicamente, mas não integrados no matrimônio espiritual.

Queria perguntar mais alguma coisa; entretanto, não encontrava palavras que revelassem ausência de impertinente indiscrição. A senhora Hilda, contudo, compreendeu-me o pensamento e explicou:

– Fique tranquilo. Luciana está em pleno noivado espiritual. Seu nobre companheiro de muitas etapas terrenas precedeu-a há alguns anos, regressando ao círculo carnal. No ano próximo, ela seguirá igualmente ao seu encontro. Creio que o momento feliz será em São Paulo.

Sorrimos todos alegremente.

Nesse instante, Tobias foi chamado à pressa, para atender a um caso grave nas Câmaras de Retificação. Era preciso, desse modo, encerrar a palestra.

7. Preferimos deixar para o final desse texto um tema assaz interessante – a Teoria das Almas Gêmeas. No capítulo VI, de *O livro dos espíritos*, lê-se:

> Pergunta 297. Continua a existir sempre, no mundo dos Espíritos, a afeição [afeto, amizade] mútua que dois seres se consagraram na Terra?
>
> Resposta. Sem dúvida, desde que originada de verdadeira simpatia. Se, porém, nasceu principalmente de causas de ordem física, desaparece com a causa. As afeições entre os Espíritos são mais sólidas e duráveis do que na Terra, porque não se acham subordinadas aos caprichos dos interesses materiais e do amor-próprio.

Observe, leitor, que os Espíritos afirmam que a AFEIÇÃO MÚTUA existe no plano espiritual. Todavia, para tanto, mister se faz que essa afetividade tenha ORIGEM na VERDADEIRA SIMPATIA. Perguntar-se-ia: mas existe a FALSA SIMPATIA? Para responder a esse questionamento, é preciso compreender o significado do vocábulo *simpatia*.

Pois bem. Vamos tentar explicar com um exemplo de alguém que tem o costume nocivo do uso de drogas. Aqueles que compartilham desse mesmo hábito encontram-se em *sintonia*. São, portanto, SIMPÁTICOS uns aos outros. Se, porventura, o sujeito deixou de usar drogas, os seus até então comparsas tornar-se-ão doravante ANTIPÁTICOS a ele. Mas a afeição, acabou? **Isso vai depender dos laços de amizade, de carinho ou de afetividade enraizados durante aquela ignóbil relação.** Se a afeição foi verdadeira (de alma para alma), permanecerá esse sentimento *ad aeternum*. No entanto, **se amizade nasceu de causas personalísticas, interesseiras, acabará no momento em que o drogado não mais quiser continuar no vício nefasto.**

Observe que SIMPATIA ou ANTIPATIA tem uma relação direta com a afinidade de pensamentos, e, com efeito, com a frequência vibratória emanada dos seres envolvidos naquela união. Desse modo, não existe a FALSA SIMPATIA, mas tão somente a SIMPATIA entre as criaturas. O revés é a ANTIPATIA.

Surge, então, outra pergunta: se a afeição permanece mesmo depois do desencarne, ainda que pese os tais Espíritos do exemplo supracitado serem antipáticos, significa que eles estarão JUNTOS na dimensão extrafísica, por "amarem" um ao outro? Ah! Isso não! A união de dois Espíritos, depois do desenlace orgânico, requisita *sintonia, simpatia*.

Ora, pode uma mãe amar muito seu filho viciado em drogas, e vice-versa, conquanto sejam antipáticos um ao outro. Do outro lado da vida física, aquela que foi tutora continuará amando-o da mesma forma ou mais, e ele a ela. A despeito disso, essa AFEIÇÃO MÚTUA não fará com que convivam JUNTOS. Estarão, sim, em posições (psíquicas) diametralmente opostas, e, com isso, em regiões assaz diferentes.

Está exarado em *O livro dos espíritos*:

> Pergunta 298. As almas que devam unir-se estão, desde suas origens, predestinadas a essa união e cada um de

nós tem, nalguma parte do Universo, sua metade, a que fatalmente um dia se reunirá?

Resposta. Não; não há união particular e fatal de duas almas. A união que há é a de todos os Espíritos, mas em graus diversos, segundo a categoria que ocupam, isto é, segundo a perfeição que tenham adquirido. Quanto mais perfeitos, tanto mais unidos. Da discórdia nascem todos os males dos humanos; da concórdia resulta a completa felicidade.

O início da pergunta de Allan Kardec é, antes, uma afirmação. Repare: "as almas que devam unir-se..." – ou seja, é uma assertiva que as almas devem se unir. Não somos ovelhas desgarradas que precisamos voltar ao aprisco (cf. Ez 34:6-31; Jo 10:16; 1 Pe 2:25), e Jesus, o Cristo, é o Pastor?

Na questão seguinte, Kardec interroga os imortais:

Pergunta 299. Em que sentido se deve entender a palavra metade, de que alguns Espíritos se servem para designar os Espíritos simpáticos?

Resposta. A expressão é inexata. Se um Espírito fosse a metade de outro, separados os dois, estariam ambos incompletos. (*O livro dos espíritos*)

Entretanto, o Espírito Emmanuel – guia espiritual de Francisco Cândido Xavier e um dos benfeitores convocados por Jesus para a Codificação Espírita (cf. *O Evangelho segundo o Espiritismo*, Cap. XI, item 11) –, assevera:

No sagrado mistério da vida, cada coração possui no Infinito a alma gêmea da sua, companheira divina para a viagem à gloriosa imortalidade.

Criadas umas para as outras, as almas gêmeas se buscam, sempre que separadas. A união perene é-lhes a aspiração suprema e indefinível. Milhares de seres, se transviados no crime ou na inconsciência, experimentaram a separação das almas que os sustentam, como a provação mais ríspida e dolorosa, e, no drama das existências mais obscuras, vemos sempre a atração eterna das almas que se amam mais intimamente, envolvendo umas para as outras num turbilhão de ansiedades angustiosas; atração que é superior a todas as expressões convencionais da vida terrestre. Quando se encontram no acervo real para os seus corações – a da ventura de sua união pela qual não trocariam todos os impérios do mundo, e a única amargura que lhes empana a alegria é a perspectiva de uma nova separação pela morte, perspectiva essa que a luz da Nova Revelação veio dissipar, descerrando para todos os Espíritos, amantes do bem e da verdade, os horizontes eternos da vida.

O Espírito Victor Hugo, no livro *Diário dos invisíveis*, afirma que as almas gêmeas:

> Quando compreendem que se reveem alfim; que seus espíritos foram germinados no mesmo instante; perlustraram o mesmo carreiro; tornaram-se gêmeos pelos laços perpétuos da afinidade – um júbilo intenso irradia-se nos seus íntimos, qual uma alvorada espancando bruscamente as trevas de uma noite que parecia intérmina.
>
> Sim, as trevas em que jaziam antes de se reverem, pois as almas isoladas, incompreendidas, enquanto lhes falta a consocia que as deixou mutiladas, o lúcido fragmento que as integra por um consórcio celeste – o Amor, o vínculo estelífero que as torna inseparáveis por toda a consumação dos séculos – ficam imersas em penumbra, asfixiadas em desalento, envoltas em brumas polares.
>
> Reverbera, porém, em suas mentes, a recordação vaga, mas reiterada, da outra que está distante e exerce sobre elas a atração de um magneto, é pressentida ao longe, gravita, como um satélite invisível, ao redor de seus corações ansiosos.
>
> Em que orbe andará exilada?

Quanto seres humanos passam assim a existência em amarga expectativa: sempre inquietos, insaciados, aguardando, inesperadamente, a aproximação da metade de sua alma. Ficam insones, merencórios, e a vida vai se lhes transcorrendo lentamente, a mocidade de extinguir-se, a decrepitude os empolga e não veem chegar nunca a esperada criatura – a noiva idolatrada ou o esposo estremecido.

[...] O seu mais inconsolável infortúnio é a espera vã da criatura idealista, aquela que, em findos avatares, já compartilhou, na mesma taça, das amarguras e dos encantos de uma vida; já percorreu, de mãos entrelaçadas, o mesmo carreiro alcantilado de uma longa jornada, tornando-se, desde então, os seus espíritos, aliados eternos, gêmeos e indissolúveis como os afamados siameses, iguais, pela conquistas espirituais realizadas no mesmo plano, como duas estrelas da mesma constelação!

Felizes os que encontram no alvor de uma romagem terrena, ainda bem a juventude lhe não enflora os corações com os flagrantes rosas da esperança!

Há, então, no rosicler de uma existência a indestrutível fusão de duas almas, de duas luzes irradiadas de dois planos divinos, a comunhão imaterial de dois seres que se tornaram gêmeos pelos sentimentos nobres que cultivam, pelos ideais que possuem, assemelhando-se duas gotas de orvalho vertidas na escola da mesma flor!

Quando se reencontram estabelece-se, logo, estreito pacto de seus espíritos que caminham a par, pela seiva da vida, mesmo que, depois a distância geográfica os separe por muitas milhas – porque estão acordes os seus pensamentos, em harmonias as suas ideias e as suas crenças e assim ligadas, esposadas e inseparáveis, atravessam as procelas terrenas com a serenidade dos primitivos cristãos, que afrontam os maiores tormentos com o olhar fixo no céu.

Ditosos que são! Que pode haver, neste planeta, algo que se compare à ventura que desfrutam?

Interrogue àquele que ainda não encontrou o sósia de sua alma e a quem já o possui perto de si – um vos dirá que desconhece a felicidade e outro, que não a permuta por uma jazida de diamantes!

A superlativa felicidade terrena – só comparável com a que existe na consciência nívea dos justos ou redimidos – reina onde há o amor recíproco, sincero, profundo, abnegado, absoluto, indestrutível e esse só vibra nos espíritos afins, que se tornam iguais como as asas de um mesmo pássaro, que o elevam onde só pode atingir o pensamento dos encasulados na matéria, e o distanciam menos do Firmamento ao passo que o afastam mais do solo.

Afortunados os entes que fruem a edênica ventura de terem perto de si o fragmento de alma que lhes faltava para completarem uma aspiração, para juntos cumprirem redentoras missões planetárias.

E dizer-se que todos os seres humanos podem iniciar aqui essa ventura e não a buscam, ofuscados pelos bens efêmeros, pelo ouro, pelos gozos venais, pelas regalias sociais, retardando, por séculos, às vezes, a dita que lhe seria acessível, e é uma das mais sublimes do Universo, como poderiam atingir, no pinte – um floco de neve imaculada –, o símbolo da alvura de uma alma redimida pelo amor santificante, a centelha celeste, o farol dos sentimentos que se não extingue com as borrascas da existência e norteia, os que o têm, às fronteiras do Firmamento!

Como não crer, alguém nesta ventura inaudita – a que existe na aliança de dois seres que se amam perenemente?

Todas as criaturas têm, no abismo de seus corações, o gérmen dessa aspiração, que viceja, se expande, floresce quando as almas, neste planeta, culminam a perfeição ou dela se aproximam.

Muitas, já com as faculdades espirituais lucificadas, procuram unir-se a um ser de sentimentos idênticos ao seus, com o qual sejam compartilhadas duas sinas, como as de duas falenas, encerradas na corola de uma açucena sorvem a mesma gota de néctar.

[...] Aos que já conquistaram oferecei um império – mais vasto que o de Bonaparte ou Carlos Magno no apogeu de suas vitórias; um tesouro superior ao de Monte Cristo; uma glória mais ampla do que a de Alighieri ou Chateaubriand – para que reneguem a felicidade de que fruem; para que se dissolvem os liames que ligam fortemente dois destinos em diversos avatares, vinculados pelas dores e pelas alegrias suportadas em comum, durante séculos, às vezes.

Tudo recusarão – até o próprio Universo se o pudésseis ofertar-lhes em troca da preciosidade que possuem – pois é inapreciável, infinito, oceânico, o júbilo de se reverem unidos, as mãos enlaçadas, os olhares fitos mutuamente, como um casal de andorinhas celestes ensaiando um voo célere para onde existe a Caná de todos os sonhadores e idealistas – o império constelado!

E, temendo que alguém os possa apartar novamente, aspiram refugiar-se na Eternidade, que é o emblema do sentimento que lhes vibra nas almas, que se inebria de aromas, de radiosidades e de harmonias, que lhes concedeu a perfeição penosamente conquistada e fará com que se ocultem uma estrela procurando o ninho de luz – a luz que transfundiu numa só duas almas, duas asas que se erguem ao céu de um só impulso!

E você, caro leitor, aceita a Teoria das Almas Gêmeas? Se quiserdes perguntar ao escritor (mero agregador de informações) qual a verdade que ele compreende sobre tal assunto, é certo que somente depois do decesso de sua organização física vós saber-vos-eis.

A MORTE FÍSICA

Troquemos a espada da morte pela paz de espírito;
a sementeira do ódio pela jardinagem do amor;
o manual de guerra pelo Evangelho do Cristo Jesus.
– BRUNO GODINHO

A causa da morte está na exaustão dos órgãos. O conceito de morte, vigente hoje no meio científico, é o da ausência de atividade elétrica cerebral, determinada pelo eletroencefalograma, e a consequente falência do tronco encefálico. Ao lado de alguns sinais de fácil identificação, isso confirma o diagnóstico de morte física mesmo que o coração continue em funcionamento a custa de aparelhos específicos. **A morte, portanto, é sempre física.**

Compararemos o mecanismo da morte física a um aparelho elétrico em funcionamento. Poderíamos fazê-lo parar de funcionar de duas maneiras: I) suprimindo a corrente elétrica que chega até ele; II) quebrando o aparelho.

Assim também ocorre com a morte nos seres orgânicos; ela pode ocorrer de duas formas: I) empobrecimento do tônus vital (fluido vital) iria desarticular as células do veículo físico, surgindo daí a doença e, posteriormente, a morte – seria o processo observado como mais frequência nas mortes naturais; II) a destruição direta do veículo físico sem desintegração prévia do fluido vital, conforme se dá nas mortes trágicas (como acidentes, homicídio, suicídio).

Sendo assim:

> Por efeito contrário, a união do perispírito e da matéria carnal, que se efetuara sob a influência do princípio vital do germe, cessa, desde que esse princípio deixa de atuar, em consequência da desorganização do corpo. Mantida que era por uma força atuante, tal união se desfaz, logo que essa força deixa de atuar. Então o perispírito se desprende, molécula a molécula, conforme se unira, e ao Espírito é restituída a liberdade. Assim, não é a partida do Espírito que causa a morte do corpo; esta é que determina a partida do Espírito. (Allan Kardec, *A gênese*, Cap. XI, item 18)

A Doutrina Espírita veio matar o maior adversário do ser humano – a morte. Em *O livro dos espíritos*, Parte 2ª, no Capítulo III, cujo título é "A alma após a morte", Allan Kardec questiona aos Benfeitores Espirituais da seguinte maneira:

Pergunta 149. Que sucede à alma no instante da morte?

Resposta. Volta a ser Espírito, isto é, volve ao mundo dos Espíritos, donde se apartara momentaneamente.

Uma passagem da notória obra *Bagavad-Ghita* (2:20), este grande poema místico-ético de 770 versos – um conjunto harmonioso das doutrinas de Patanjali, Kapila e dos Vedas –, com 18 capítulos, resume um diálogo notável entre Krishna (o verbo divino), pai do Bramanismo, e Arjuna, seu discípulo, ocorrido a aproximadamente 80km da atual capital indiana – Nova Délhi –, perto de um lugarejo, atualmente chamado Maharishi Nagar. Vejamo-la:

> Conhece essa verdade, ó príncipe! O homem real, isto é, o Espírito do homem, não nasce nem morre. Inato, imortal, perpétuo e eterno, sempre existiu e sempre existirá. O corpo pode morrer ou ser morto e destruído; porém, aquele que ocupou o corpo permanece depois da morte deste.[1]

Logo, a sepultura, que tanto nos impressiona, não é mais do que o armário onde se acha o nosso velho traje, já que nossos corpos não passam de:

> [...] lama, foco de corrupção onde fermenta o levedo das paixões impuras: são os órgãos que muitas vezes arrastam o Espírito a tomar parte nas sensações brutais que pertencem ao campo da matéria. Quando o princípio da vida orgânica (vital) se extingue por um dos mil acidentes aos quais está sujeito o corpo, o Espírito se desprende dos laços que o retinham em sua prisão fétida, e ei-lo livre no espaço. (Ferdinand, *Revista Espírita* de junho de 1861)

Perguntar-se-ia: e depois, onde estaremos? A questão correta não está em **onde estaremos** depois da morte física, mas **o que seremos depois dela**. Ora, quando desencarnarmos, não terá ninguém dizendo que devamos ir para lá ou para cá, pois:

> Além da campa, o único juiz, o único algoz que temos é a nossa própria consciência. Livre dos estorvos terrestres, adquire ela um grau de acuidade, para nós difícil de compreender. Adormecida muitas vezes durante a vida, acorda com a morte e a sua voz se eleva; evoca as recordações

do passado, as quais, despidas inteiramente de ilusões, lhe aparecem sob a sua verdadeira luz, e as nossas menores faltas se tornam causa de incessantes pesares. (Léon Denis, *O problema do ser, do destino e da dor*, Primeira Parte, Cap. X)

Sendo a morte uma simples mudança de estado vibratório, são nossos pensamentos, automaticamente, que nos levarão às regiões em que estejam de acordo com a sintonia de nossas ondas mentais, e, com efeito, refletirão no perispírito, adensando-nos em locais de bem-aventuranças ou de trevas, visto que:

A morte, diz-nos ela [a Revelação dos Espíritos], em nada muda a nossa natureza espiritual, os nossos caracteres, o que constitui o nosso verdadeiro "eu"; apenas nos torna mais livres, dota-nos de uma liberdade, cuja extensão se mede pelo nosso grau de adiantamento. (Léon Denis, *O problema do ser, do destino e da dor*, Primeira Parte, Cap. X)

Desse modo, permita que a morte física, o exílio na Terra e todas as outras coisas que "parecem ser terríveis" sejam vistas sob vossos olhos como bençãos, e você nunca terá um pensamento indigno, nem cobiçará nada com demasiada avidez.

Ainda ressaltamos:

O gênero de vida que alimentamos no estágio físico dita as verdadeiras condições de nossa morte. Quanto mais chafurdamos o ser nas correntes de baixas ilusões, mais tempo gastamos para esgotar as energias vitais que nos aprisionam à matéria pesada e primitiva de que se nos constitui a instrumentação fisiológica, demorando-nos nas criações mentais inferiores a que nos ajustamos, nelas encontrando combustível para dilatados enganos nas sombras do campo carnal, propriamente considerado. E quanto mais nos submetamos às disciplinas do espírito, que nos aconselham equilíbrio e sublimação, mais amplas facilidades conquistaremos para a exoneração da carne em quaisquer emergências de que não possamos fugir por força dos débitos contraídos perante a Lei. Assim é que morte física não é o mesmo que emancipação espiritual. (André Luiz, *Ação e reação*, Cap. XVIII)

Com sabedoria, diz Léon Denis:

Ora, o que todas as religiões e filosofias nos deixaram ignorar, os Espíritos, em multidão, no-lo vêm ensinar. Dizem-nos que as sensações que precedem e se seguem à morte são infinitamente variadas e dependentes sobretudo do caráter, dos méritos, da elevação moral do Espírito que abandona a Terra. A separação é quase sempre lenta, e o desprendimento da alma opera-se gradualmente. Começa, algumas vezes, muito tempo antes da morte, e só se completa quando ficam rotos os últimos laços fluídicos que unem o perispírito ao corpo. A impressão sentida pela alma revela-se penosa e prolongada quando esses laços são mais fortes e numerosos. Causa permanente da sensação e da vida, a alma experimenta todas as comoções, todos os despedaçamentos do corpo material.

Dolorosa, cheia de angústias para uns, a morte não é, para outros, senão um sono agradável seguido de um despertar silencioso. O desprendimento é fácil para aquele que previamente se desligou das coisas deste mundo, para aquele que aspira aos bens espirituais e que cumpriu os seus deveres. Há, ao contrário, luta, agonia prolongada no Espírito preso à Terra, que só conheceu os gozos materiais e deixou de preparar-se para essa viagem.

[...] A hora da separação é cruel para o Espírito que só acredita no nada. Agarra-se como desesperado a esta vida que lhe foge; no supremo momento insinuasse-lhe a dúvida; vê um mundo temível abrir-se para abismá-lo, e quer, então, retardar a queda. Daí, uma luta terrível entre a matéria, que se esvai, e a alma, que teima em reter o corpo miserável. Algumas vezes, ela fica presa até à decomposição completa, sentindo mesmo, segundo a expressão de um Espírito, os vermes lhe corroerem as carnes.

Pacífica, resignada, alegre mesmo, é a morte do justo, a partida da alma que, tendo muito lutado e sofrido, deixa a Terra confiante no futuro.

Para esta, a morte é a libertação, o fim das provas. Os laços enfraquecidos que a ligam à matéria destacam-se docemente; sua perturbação não passa de leve entorpecimento, algo semelhante ao sono.

[...] A entrada em uma vida nova traz impressões tão variadas quanto o permite a posição moral dos Espíritos. Aqueles – e o número é grande – cujas existências se desenrolam indecisas, sem faltas graves nem méritos assinalados, acham-se, a princípio, mergulhados em um estado de torpor, em um acabrunhamento profundo; depois, um choque vem sacudir-lhes o ser. O Espírito sai, lentamente, de seu invólucro: como uma espada da bainha; recobra a liberdade, porém, hesitante, tímido, não se atreve a utilizá-la ainda, ficando cerceado pelo temor e pelo hábito aos laços em que viveu. Continua a sofrer e a chorar com os entes que o estimaram em vida. Assim corre o tempo, sem ele o medir; depois de muito, outros Espíritos auxiliam-no com seus conselhos, ajudando a dissipar sua perturbação, a libertá-lo das últimas cadeias terrestres e a elevá-lo para ambientes menos obscuros.

[...] Os suicidas são vítimas de sensações horríveis. Experimentam, durante anos, as angústias do último momento e reconhecem, com espanto, que não "trocaram seus sofrimentos terrestres senão por outros ainda mais vivazes. (*Depois da morte*, Quarta Parte, Cap. XXX)

Portanto:

Em parte alguma há a morte, como, em geral, é considerada entre nós; em parte alguma há o aniquilamento; nenhum ente pode perecer no seu princípio de vida, na sua unidade consciente. (Léon Denis, *O problema do ser, do destino e da dor*, Primeira Parte, Cap. X)

Há aqueles, infelizmente, que professam ser a criação do Humano Ser no ato da concepção física. Ó quanta tolice! Se for assim, Deus deve estar à disposição da criatura humana, obrigado a criar somente quando e se ela quiser.

Existem muitos, por desconhecerem o sentido da vida, que temem a morte. Diz o filósofo espiritualista:

A morte mais não é que uma transformação necessária e uma renovação, pois nada perece realmente. A morte é só aparente; somente muda a forma exterior; o princípio da vida, a alma, fica em sua unidade permanente, indestrutível. Esta se acha, além do túmulo, na plenitude de suas faculdades, com todas as aquisições com que se enriqueceu durante as suas existências terrestres: luzes, aspirações, virtudes e potências.

[...] Já vistes a borboleta de asas multicores despir a informe crisálida, esse invólucro repugnante, no qual, como lagarta, se arrastava pelo solo? Já a vistes solta, livre, voejar ao calor do Sol, no meio do perfume das flores? Não há imagem mais fiel para o fenômeno da morte. O homem também está numa crisálida, que a morte decompõe. O corpo humano, vestimenta de carne, volta ao grande monturo; o nosso despojo miserável entra no laboratório da Natureza; mas, o Espírito, depois de completar a sua obra, lança-se a uma vida mais elevada, para essa vida espiritual que sucede à vida corpórea, como o dia sucede à noite. Assim se distingue cada uma das nossas encarnações. (Léon Denis, *Depois da morte*, Primeira Parte, Cap. XIII)

Ora, vida e morte são termos da mesma equação do existir, porquanto ninguém nasce senão na aparência; da mesma forma que ninguém morre senão aparentemente.

Rápida digressão faz Bezerra de Menezes (1831-1900), em seu livro *História de um sonho*, Capítulo XXX:

> Por que o homem, sabendo a morte como desfecho fatal para todos, estranha que lhe chegue o dia ao ente querido? É porque a considera um mal, e só aceitamos o mal, quando não nos é possível, de todo, evitá-lo. Se o homem compreendesse o que é a morte, simples separação do corpo, mandado de soltura do pobre encarcerado, porta aberta à liberdade que é a Vida, à Vida que é o progresso para a verdadeira felicidade, crisálida que se abre a dar saída à borboleta de asas iriadas; se todos assim entendessem, ninguém recuaria ao simples pensamento de morrer.

O Apóstolo da Gentilidade (Paulo de Tarso) já havia vencido a morte física, quando disse:

> Tragada foi a morte na vitória. Ó morte! Onde está tua vitória! Onde está teu aguilhão! (1 Co 15:55)

Ousamos afirmar que o verdadeiro Homem de Bem DESEJA a morte física (o desenlace final, a saída do exílio Terra, a volta para sua verdadeira pátria), embora não a PROCURE. Do contrário, seria um suicida em potencial. Lázaro, por saudade de sua pátria amada – Sírius – vivia em pensamentos elevados, e, com efeito, saudosos de seu orbe de origem. Isso lhe causava um fácil desprendimento do corpo físico. Certo dia, ele entrou em êxtase duradouro e Jesus, o Cristo, veio tirá-lo desse estado cataléptico. Muitos, a maioria anônima, assim vivem e viveram entre nós – sem temer a morte, por sabê-la não existir, almejando o retorno ao seu páramo celeste.

O Convertido de Damasco foi um exemplo, dentre vários outros. Basta observar sua frase gravada na carta aos Filipenses:

> Preferia partir, ou retornar, para estar com Cristo, porque é muito melhor. Mas é mais necessário ficar nesse corpo por causa de vós. (Fp 1:23-24)

E de forma quase *sui generis*, afirma Léon Denis:

> A própria morte pode ter também a sua nobreza, a sua grandeza. **Não devemos temê-la, mas, antes, nos esforçar por embelezá-la, preparando-se cada um constantemente para ela, pela pesquisa e conquista da beleza moral, a beleza do Espírito que molda o corpo e o orna com um reflexo augusto na hora das separações supremas.** A maneira porque cada qual sabe morrer é já, por si mesma, uma indicação do que para cada um de nós será

a vida do Espaço. (*O problema do ser, do destino e da dor*, Primeira Parte, Cap. X)

A sobrevivência do Homem após a morte é uma realidade tão antiga como a própria Humanidade. Todavia, o que não se pode demonstrar cientificamente é a imortalidade – isto é, uma vida eterna após a morte, pois *sobrevivência* não é a *imortalidade*.

Todos nós sabemos que os vivos *morrem* (fisiologicamente) e que os mortos (Espíritos) *sobrevivem*. Contudo, não sabemos cientificamente se os sobreviventes vivem eternamente, uma vez que no mundo da sobrevivência também impera a *morte* (moral e, com isso, espiritual), como os próprios sobreviventes confessam. Ora, os sobreviventes também são mortais. Daí a necessidade do ir e vir, através da reencarnação.

Nunca nenhuma experiência de laboratório, de física, de química, de matemática, nem o aparecimento espontâneo de um Espírito, através de seu perispírito, provou a imortalidade. Esta, por sua própria natureza, não pode ser objeto de provas científicas, mas é assunto exclusivo de uma experiência espiritual, íntima, no interior do próprio sujeito. Quem não viveu e vive sua imortalidade, seja antes seja depois da morte física, não tem certeza da vida eterna (da imortalidade), embora conheça a sobrevivência. A certeza da vida eterna não é presente de berço, já que não é dada pela vida nem pela morte, mas é uma conquista suprema da vivência interior. Em suma, a imortalidade não é algo que nos acontece de fora, mas é algo que deve ser produzido de dentro.

Nosso grande desafio não é nos prepararmos para a morte física. Devemos, sim, nos preparar para a vida! Se boa for nossa existência, não será má nossa morte. Ora, não sabemos que o morrer é o eco do viver? Como, então, poderá ser má nossa morte, se boa for nossa vida?

Não morramos, portanto, antes de viver! Não façamos a causa depender do efeito! Não choremos o ocaso antes do sorriso da aurora! Enchamos de grandes tesouros o barquinho de nossa vida, e entremos contentes nas águas do porto. Carreguemos de flores a primavera da vida, para que de frutos nos carreguemos o outono da morte!

Preparemo-nos para a morte enriquecendo nossa vida! A morte física não retoca nossa alma; revela, apenas, o que a vida fotografou. Preparemo-nos, pois, para a vida, e a morte nos dirá o que fizemos dela.

Façamos da vida uma sementeira do bem, e será nossa morte uma colheita de felicidade. Libertos das algemas do *ego*, a morte nos levará ao seio de Deus, à vida eterna, ao amor imortal!

Por isso, afirmou Jesus referindo-se à imortalidade (como um estado de ser), e não à sobrevivência do Espírito após a vilegiatura carnal:

> Em verdade, em verdade vos digo que, se alguém guardar a minha palavra, nunca verá a morte. (Jo 9:51)
>
> Aquele que crê em mim, já passou da vida para a morte; e aquele que, em vida, crê em mim, jamais morrerá. (Jo 11:25).

Notas

1. O psiquismo, o espírito, o *self*, a consciência, o Eu superior, o princípio inteligente do universo, já individualizado, é o centro da personalidade, centro permanente, indestrutível,

que persiste e se mantém através de todas as transformações do indivíduo. A consciência não é somente a faculdade de perceber, mas também o sentimento que temos de viver, agir, pensar, querer. É uma e indivisível. É a Vida mesma – isto é, a Vida Eterna, de que a vida exterior, corporal, é só um reflexo, uma manifestação de ordem inferior.

AMOLAMENTO DE CARÁTER

*Não é triste mudar de ideias,
triste é não ter ideias para mudar.*

– BARÃO DE ITARARÉ

O medo e o ódio, a ansiedade e a insegurança, a solidão e o vazio existencial ainda nos dominam, atirando-nos em abismos de dor e de desespero. E por que não mudamos? Porque temos medo. Somos pusilânimes. Esse medo aparece toda vez que a mente pressente a predominância de uma força superior, real ou não, que pode produzir sofrimento. Surge, então, o desafio de fugir ou enfrentar-se. Infelizmente, preferimos, a mais das vezes, pela nossa imaturidade, fugir, negar a Verdade, recusar o autoencontro, permanecendo no jogo das personalidades. As consequências de imediato vêm, através dos transtornos de comportamento, por causas endógenas ou exógenas.

Somos cultores da rotina e da mediocridade. Guiamo-nos pelas normas de todos, porquanto não pensamos com o próprio cérebro, mas sempre com a cabeça dos outros – isto é, dizemos sempre "sim" quando o outros dizem "sim"; e "não" quando os outros dizem "não". Isso se dá pela nossa falta de identidade – corolário de nosso vazio existencial.

Quando uma ideia nova se nos apresenta, evitamo-la como um perigo social e tomamo-la à conta de heresia, porque não desejamos explorar caminhos novos, como os bandeirantes, mas sim andar sempre por estradas batidas e sobre trilhos previamente alinhados. Em suma: **preferimos deixar tudo como está, para ver como fica**. Eis o que acontece, exatamente, quando um grupo humano de ideias restritas rejeita uma ideia fecunda, capaz de novos desenvolvimentos. Que irrisão! Em outras palavras: **nós podemos facilmente perdoar uma criança que tem medo do escuro; a verdadeira tragédia da vida é quando os homens têm medo da luz**.

Jesus, o Cristo, constitui vigorosa sacudidela, qual salutar tempestade que da atmosfera dispersa asfixiantes miasmas. Malgrado, tentamos manter a estabilidade moral (se é que a temos), fugir, correr. Tarde demais, caro leitor, porque quando conhecemos Ele e suas alvíssaras perdemos o sossego, a indiferença, a ilusória paz. Naturalmente os conflitos nos assolam, as velhas crenças ruem por terra, e o dever moral esquecido fala mais alto nos recônditos do Eu Superior.

Resultado: enxergamo-nos em débito com a Lei, pois não amamos o próximo como deveríamos – ignoramo-La. Somos tais quais um rico de mau coração, visto serem muitos os benefícios que podemos espalhar. Mas, apesar disso, guardamos avaramente esse tesouro (o coração) e não proporcionamos a caridade, nem a nós nem aos nossos irmãos. Somos o servo mau, que enterrou os talentos da sublime parábola do Crucificado (cf. Mt 25:14-30). Muito recebemos e nada ofertamos.

Nossa existência física, amigo leitor, não prima pelo sossego, pela inércia. Ao contrário, sobra-nos tempo (cronológico). Mas, infelizmente, nossa vida material segue rotineira e calma, mansa como as estagnadas águas de morta lagoa, porque vivemos assoberbados com tarefas da Terra tão somente, cuidando de compulsivamente amealhar bens materiais.

A todo instante estamos sendo chamados e não escutamos! Olhemos à nossa volta! O sofrimento ainda campeia sobre o nosso planeta. Muitos clamam pela Boa Nova do Cordeiro de Deus, e não falando meramente de caridade material. Essa, embora seja assaz salutar, ainda é a mais fácil (cf. Mc 14:7).

Estamos inseridos no mundo sem o direito de nos isolarmos, pois a escola continua necessária para todos, exigindo interação com nosso próximo – melhor dizendo: comprometimento. Entretanto, caminhar pelo mundo não significa deixar-se possuir, já que Jesus palmilhou seus caminhos e não Se abalou com suas ilusórias luzes, acima d'Ele pairando, sem, contudo, jamais o desdenhar, amparando e amando sempre.

De modo geral, as almas se acolhem sob o manto protetor de uma crença religiosa, que já não corresponde às regras duma crítica sã nem às exigências da razão. E, com essa conduta, consideram-se tocadas pela fé, quando, na realidade, tal crença simboliza o refúgio e não a força. E quando experiências mais árduas as convocam ao testemunho, julgam-se abandonadas e descrentes, porque antes jamais foram tocadas pela verdadeira fé – mãe da esperança e da caridade (cf. *O Evangelho segundo o Espiritismo*, Cap. XIX, item 11). Ora, **a esperança é o amparo dos fracos; força dos fortes; resistência dos heróis**.

Triste nova saber que bem poucos são os que sem plumas desafiam o vento, e muitos são os alados e aptos ao voo que permanecem no ninho.

Bem afirmou o Espírito Joanna de Ângelis, no livro *Florações evangélicas*, subtítulo *Incompreensão e fidelidade*:

> Uma existência de facilidades (que, em verdade não existe) é sinônimo de amolentamento do caráter. A cicatriz, sim, é ônus que a ferida exige ao organismo para liberá-lo.

Se desejarmos, portanto, sermos bons servidores, que assim seja. Não obstante, lembremos de que jamais será o suficiente, uma vez que:

> Assim também vós, depois de haverdes feito quanto vos foi ordenado, dizei: somos servos inúteis porque fizemos apenas o que devíamos fazer (Lc 17:3-10).

DESPERTA!

Um ensinamento proveniente de fonte fidedigna,
no momento psicológico exato,
desperta ressonâncias capazes de consolidar
a vivência do Evangelho Redentor.
– BRUNO GODINHO

Há mais de dois milênios, surgiu um clarão que fez todos voltarem os olhos para um fato que abalou os alicerces da Humanidade encarnada – um espírito de escol se revelara no mais alto grau de evolução espiritual já visto em nosso planeta, dera-se em holocausto na ara sagrada do amor universal. A Humanidade, por sua natural evolução, chegara à maturidade suficiente para necessitar de alguém que lhe mostrasse como descer os degraus da renúncia. Desde então, ninguém precisou de Mestre mais alto.

Desde Sua descida, mudou-se o panorama espiritual do nosso planeta e já não se justifica o sigilo em torno do que deve e precisa ser divulgado, pois o que impedia que as verdades fossem conhecidas era a imaturidade moral do ser humano, que não pode mais ser admitida após o conhecimento da palavra do Cristo Jesus.

Pedimos a cura de nossos corpos enfermos, olvidando ou desconhecendo que o envoltório reflete tão somente a realidade do espírito. Primeiramente, é imprescindível o aperfeiçoamento espiritual, a melhoria dos sentimentos e ações. A criatura que realiza tal feito conquista gradualmente a denominada *fé*, possibilitando surpreendentes realizações, inclusive a autocura.

Os escolhidos pela Providência Divina como nossos Anjos de Guarda e Guias Espirituais podem orientar-nos, reconfortar-nos, aliviar-nos, mas não podem tomar sobre nossos ombros a obra de aperfeiçoamento interior, sem a qual continuaríamos nos esforçando pelos caminhos e descaminhos, candidatos a tristezas e desastres, esperando de outros a resolução daquilo que a nós somente compete.[1]

Quantos de nós não choram por seus míseros corpos em ruínas quando, em verdade, deveríamos lamentar a imperfeição do espírito, trabalhando por mudanças? Escolhamos a porta estreita (cf. Mt 7:13-14), o caminho mais curto, **conquanto áspero e solitário na maioria das vezes**. Uma coisa é certa: a maioria de nós, quando arrependidos, assume compromissos antes da reencarnação; todavia, deixa de cumpri-los, privilegiando a inércia, o acomodamento, o desleixo, preferindo as moléstias ao trabalho em prol do próximo, queixando-se no leito de dor (física) ao aprimoramento espiritual. Relutamos em mudar intimamente.

Porém, todo aquele que souber abraçar sua cruz, deixando-se coroar pelos espinhos das rosas espirituais do amor, poderá considerar-se na conquista do grau mais alto de evolução que a Terra reclama.

Victor Hugo (Espírito), em *Dor suprema*, Livro VII, Capítulo VIII, narra um texto maravilhoso e imensamente instrutivo, digno de menção:

Na cruz, o peso que o vergava [Jesus] não era o da ponderabilidade do madeiro, que seus ombros suportariam facilmente, como se fosse o peso de uma pena, mas o das montanhas de iniquidades que existem nos corações dos pecadores.

A cruz também é o símbolo dos delitos, que vergam, para um sorvedouro, os pecadores, não os deixando alarem-se ao firmamento; é o emblema da provas porque têm de passar todos os seres humanos, até a deporem no Calvário da Redenção; para, só então, alijando-a de seus ombros, começarem a alçar-se aos páramos azuis. O Gólgota é o remate de todas as provas; o primeiro degrau do Infinito, ao qual se alam os redimidos! A cruz, símbolo das dores terrenas, é o ascensor das almas para as regiões consteladas do universo!

Malgrado milhares de criaturas vejam em Jesus o modelo e guia a ser seguido, examinando o que tem acontecido após Seu advento sacrificial, percebemos pesarosamente que, afora os esforços heroicos dos seus discípulos fiéis e o holocausto dos cristãos nos circos dos martírios, em Roma, a gradual maturação espiritual, que muitos de nós afirmamos, tem deixado a desejar. Em verdade, há, sim, uma imaturidade, ante a grande soma de iniquidades que a Humanidade tem praticado, mesmo à sombra amiga do Evangelho redentor.

Já possuímos as credenciais divinas – o Evangelho. Precisamos, então, ultrapassar as fronteiras da ignorância e do erro, cujas estradas pedregosas nos trazem experiência e dor.

Ora, se Jesus teve a fronte pungida de acúleos, por que desejamos a nossa fronte engrinaldada das rosas efêmeras das felicidades terrenas? Tão tolos somos que almejamos

– Espíritos delinquentes, despido de virtudes – alcançar a Pátria espiritual distante, onde vivem os heróis espirituais! Loucura, irrisão! Temos, sim, que todos os dias louvar o Criador magnânimo, porque a todos nós – náufragos dos mares da iniquidade – deu-nos uma radiosa e inquebrantável âncora – o Crucificado!

Imolado, de braços abertos no madeiro da infâmia, quem já buscou aqueles braços e os encontrou cerrados? Em verdade, parece-nos que Ele morreu de braços abertos para que não vivamos de braços cruzados, conforme bem dissera Pascal – o matemático, físico, filósofo e escritor francês do século XVII. Quem se voltou para Ele e não encontrou palavras de perdão, carinho e esperança? Quem poderá julgar-se abandonado ou perdido, se realmente O amar e O buscar com sinceridade? Ninguém!

Repetimos o que dissemos alhures: Jesus é o "Caminho, a Verdade e a Vida" (Jo 14:6). É o Caminho pela moral que pregou. É a Verdade porque é o órgão direto de Deus. A Verdade é una. Todavia, relativa aos tempos e as necessidades da época. É a Vida porque progredindo e purificando-se, mediante a prática da moral que Ele pregou e personificou pelos ensinamentos e exemplos, os Espíritos separando-se do corpo material encontram-se libertos da morte espiritual, ou seja, da encarnação em mundos ponderáveis, como nosso planeta Terra. Mesmo acoplado a um corpo físico, Jesus não se bipartiu, mantendo intacta sua individualidade, na plenitude da sua consciência e com domínio total da matéria à qual estivesse acoplado. Na linguagem gnóstica, este é o ser que alcançou o *pleroma*. Isto é, aquele cujo psiquismo não se acha mais dividido, o que seria, em linguagem alquímica, equivalente à *pedra filosofal*, a substância capaz de converter material inferior em ouro, não o vulgar, mas o espiritual.

Jerusalém não O amou e Ele chorou sobre ela. Em todas as Suas palavras não se encontra condenação. Só esclarecimento quanto às consequências das infrações à Lei do Amor. Aponta os erros com clareza meridiana, de forma a não deixar dúvidas quanto ao caminho; mas Sua voz não se ergue para condenar ou julgar o pecador arrependido. Há mais júbilo na casa paterna pelo retorno do filho pródigo do que em qualquer outra ocasião. Quem, dentre nós, poderá se sentir deserdado depois disso? Ele mesmo disse:

> Vinde a mim todos vós que estais sobrecarregados e aflitos, que eu vos aliviarei. Tomai sobre vós o meu jugo e aprendei comigo que sou brando e humilde de coração, a fim de que possas repousar suas almas; porquanto meu jugo é leve e meu fardo é suave. (Mt 11:25-29)

Ora:

> Na oficina augusta, onde se forjam as almas, não são suficientes o gênio e a glória para fazê-las verdadeiramente formosas. Para dar-lhes o último traço sublime tem sido sempre necessária a dor. Se certas existências se tornaram, de obscuras que eram, tão santas e sagradas como dedicações célebres, é que nelas foi contínuo o sofrimento. Não foi somente uma vez, em tal circunstância ou na hora da morte, que a dor as elevou acima de si mesmas e as apresentou à admiração dos séculos; foi por toda a sua vida ter sido uma imolação constante. (Léon Denis, *O problema do ser, do destino e da dor*, Cap. XXVI)

Não há educação completa sem a dor. Nem todos aqueles que sofrem são forçosamente responsáveis pelos seus próprios enganos, em via de expiação. Muitos são simplesmente Espíritos ávidos de progresso, que escolheram existências penosas e de labor para colherem o benefício moral que anda ligado a toda pena sofrida. Grandes homens e mulheres notórios demonstraram e ainda demonstram seu despertar através da abençoada dor. O prezado leitor sabe de que maneira? Sendo silenciosamente bons; geniais, mas sem exibir genialidade; tornam-se poderosos, mas não ostentam poder; socorrem a todos, sem precipitação; são puros de coração, mas não vociferam contra os impuros; adoram o que é sagrado, mas sem fanatismo; carregam fardos pesados, com leveza e sem gemido; dominam, mas sem insolência; são humildes, mas sem servilismo; falam a grandes distâncias, mas sem gritar; amam, sem se oferecer; fazem o Bem e bem a todos, antes que se perceba; rasgam caminhos novos, sem esmagar ninguém; abrem largos espaços, sem arrombar portas. Tudo isso fazem os grandes homens e mulheres, porque se assemelham ao Sol – bastante poderoso para sustentar um sistema planetário, e ao mesmo tempo bastante delicado para beijar uma pétala de flor.

O despertar de Paulo de Tarso aconteceu na estrada de Damasco, quando ele, então intolerante e fanatizado por uma causa inglória, se viu envolvido na luz divina do Cristo.

Maria, uma Madalena da cidade de Magdala, acordou, aos 24 anos de idade, para as alvíssaras de Jesus, quando estava em Betânia, e a voz do Filho do Homem, ungida de pureza e santidade, penetrou em seu âmago trazendo a sensação de uma vida nova, com a qual, até então, ela jamais sonhara.

Questionemos Pedro sobre o nascimento de Jesus em sua vida, e ele assim se pronunciará: Jesus nasceu no átrio da casa do Sumo Pontífice Caifás, quando o galo, cantando pela terceira vez, acordou minha consciência para a verdadeira vida.

Chamemos à baila João Evangelista e peçamos nos diga acerca de seu despertar para o Messias, e ele nos dirá: o Cristo Jesus nasceu no dia em que meu entendimento, iluminado pela Sua divina graça, me fez saber que Deus é amor.

Perguntemos a Zaqueu, o publicano, e eis o seu testemunho: meu despertar aconteceu em Jericó, numa esplêndida manhã de Sol, quando eu, ansioso por conhecer Jesus, subi numa árvore, à beira do caminho por onde Ele passava, contentando-me em vê-lO de longe. Eis que Ele, amorável e bom, acena-me, dizendo: Zaqueu, desce, importa que me hospede contigo. Naquele dia, entrou a felicidade no meu lar.

Interpelemos Tomé, o incrédulo, quando e onde despertou o Cristo em seu coração, e ele, por certo, dirá: foi em Jerusalém, naquele dia memorável e inesquecível em que me foi dado testificar que a morte não tinha poder sobre o Filho de Deus. Só então compreendi o sentido de suas palavras: "Eu sou o Caminho, da Verdade e da Vida".

Apelemos para Dimas, o bom ladrão, onde e quando o Cristo lhe penetrou a alma, e ele nos informará: foi exatamente no Monte da Caveira, precisamente quando a cegueira e a maldade humanas supunham aniquilá-Lo para sempre; dali Ele me dirigiu um olhar repassado de piedade e de ternura, que me fez esquecer todas as misérias deste mundo e antegozar as delícias do paraíso. Desde então, enchi-me de Sua luz.

Questionemos Aurelius Agostinus (354-430) quando foi o seu despertar, e ele, sem detença, dirá que foi naquele dia, aos 32 anos de idade, em que perguntava aos seus amigos eruditos sobre as nobres ações dos áulicos de Santo Antão, e, ato contínuo, tomado de irresistível comoção, afastou-se a largos passos para o fundo do pomar. Tinha necessidade de estar a sós consigo. Ele queria chorar às ocultas. Como que alheio ao mundo, só pensava na sua vergonhosa fraqueza, que não lhe permitia rompesse de vez com o passado e começasse vida nova; que se despojasse, de uma vez por todas, de suas vergonhosas vicissitudes. De súbito, levantou-se e, como que acossado por invisível perseguidor, precipitou-se mais para o fundo da selva. Parou ao pé de uma figueira. Deixou-se cair em prantos. Sem a menor resistência, abandonou-se ao sentimento de uma imensa dor. Dir-se-ia que foi esta a hora suprema do futuro Bispo de Hipona. O momento em que sentiu, pela primeira vez, na sua longa vida de gozos e prazeres, o que é a felicidade profunda.

E aquele ano de 1609, quando Vicente de Paulo (1581-1660), já residente em Paris havia um ano, teve uma experiência decisiva em sua vilegiatura carnal? Ele e um amigo dividiam o aluguel de uma pequena casa na periferia da capital francesa. Tudo ia bem, até o dia em que seu companheiro o acusou injustamente de ter roubado suas economias. Foi, para Vicente, uma das humilhações mais amargas de sua existência física. Diante da situação constrangedora, o futuro capelão da Rainha Margarida de Valois (1553-1615), esposa do Rei Henrique IV da França (1553-

1610), viveu como um pobre abandonado e incompreendido. Desde então, calou-se (interiormente) e, revestido de humildade, procurou em Deus sua única segurança. À semelhança de Francisco de Assis, Vicente conheceu Luísa de Marillac (1591-1660), e, como o *poverello* de Assis, em 1653, deram início à Companhia das Filhas da Caridade. A quem possa interessar, o Espírito Humberto de Campos, pela mediunidade de Francisco Cândido Xavier, no livro *Crônicas de além-túmulo*, Capítulo XI, diz que Herodes I voltaria mais tarde na personalidade de Vicente de Paulo. Outrossim, Victor Hugo (Espírito) afirma, na obra *O solar de Apolo*, Livro II, página 206, que Herodes, o Grande, alcançou sua libertação psíquica quase 1.600 anos depois dessa existência, quando assumiu a personalidade do protetor da infância desamparada – Vicente de Paulo.

E quanto a Mohandas Karamchand Gandhi (1869-1948)? Quando se libertou do seu *ego* humano e despertou para o poder do seu *eu* divino? Ele dirá que foi aos 24 anos de idade, no seu deslocamento da Índia para a África do Sul, como advogado, e viajava na primeira classe. Solicitaram-lhe que se transferisse para a terceira classe, por ele não ser branco. Ao recusar-se, foi jogado para fora do trem. Eis aí o seu despertar, pois foi para a África do Sul com o intuito de ficar milionário, e voltou para a Índia de vez, depois de 21 anos, com uma tanga, sem *ego* algum e *cristificado*.

Ó caro leitor:

> Despertai de vosso pesado sono; rasgai o véu material que vos envolve, aprendei a conhecer-vos, a conhecer as potências de vossa alma e a utilizá-las. Todas as vozes da Nature-

za, todas as vozes do Espaço vos bradam: "Levantai-vos e marchai! Apressai-vos para a conquista de vossos destinos!" (Léon Denis, *O problema do ser, do destino e da dor*, Cap. XX)

O despertar, a transformação íntima, a "virada de chave" é, sem dúvida, individual. Jesus, o Cristo, não violentou o santuário de nenhuma criatura, nem mesmo por amor. Diz o Espírito Emmanuel, no livro *Vinha de luz*, Capítulo XI, que:

> O Criador oferece à semente o sol e a chuva, o clima e o campo, a defesa e o adubo, o cuidado dos lavradores e a benção das estações; mas a semente terá que germinar por si mesma, elevando-se para a luz solar. O homem recebe, igualmente, o sol da Providência e a chuva das dádivas, as facilidades da cooperação e o campo da oportunidade, a defesa do amor e o adubo do sofrimento, o carinho dos mensageiros de Jesus e a bênção das experiências diversas; todavia, somos constrangidos a romper, por nós mesmos, os envoltórios inferiores, elevando-nos para a luz divina.

Encerramos nossa advertência, por amor, dizendo: ó despertai-vos vós que dormis, pois do contrário não suscitareis oposição! Somente com a fé sentida e o amor vivido ireis compreender o caráter puro que assinalou os mártires de ontem. Somente assim o espírito de opressão reviverá, reacendendo-se sob vós as fogueiras da perseguição, pois o que em nós peca é aquilo que temos – o *Ego*. Mas o que nos redime é aquilo que somos – o *Eu*. Conheçamo-nos, para que senti-Lo, ó Deus! Tu és o pano de fundo de nossa consciência, porquanto jamais nos desvinculamos de Ti que nos originou e nos garante o atributo do existir. Detentor da sorte de todas as criaturas, Tu, que exerce Tua justiça por amor, e Teu amor com a mais perfeita justiça, tais quais veladores da luz e guardiães da Verdade que procuramos ser, concede-nos o que ordenas, e ordenas o que quiseres.

Notas

1. Existe uma grande diferença entre *Anjo de Guarda* e *Guia Espiritual*. Aquele é o que costumeiramente os benfeitores espirituais chamam de *Espírito Protetor*, sempre de ordem moral mais elevada que nós. Estão conosco desde o nascimento, bem como depois da morte física, e, muitas vezes, em várias existências (cf. *O livro dos espíritos*, perg. 489 em diante). Já o Guia Espiritual tem a missão de nos acompanhar em um comprometimento específico naquela existência, seja na arte, na área científica, na política (claro que um político exemplar eticamente), em questões ativistas de cunho salutar, nas literaturas enobrecedoras, em oradores cujo testemunho de renúncia são vividos, em filósofos voltados ao Bem Maior, etc.

    Exemplos: Mohandas Karamchand Gandhi (1869-1948), com a doutrina do *Ahimsa* (não violência) e do *Satyagraha* (apego a Verdade), conseguiu libertar mais de 400 milhões de indianos do jugo da Inglaterra. Obviamente, consigo havia um Guia Espiritual dando-lhe o apoio necessário para tão significativo desiderato. Madre Teresa de Calcutá (1910-1997) e Irmã Dulce (1914-1992) tiveram, naturalmente, um Guia Espiritual para auxiliá-las em suas missões específicas de lidar com os desvalidos materialmente. Martin Luther King Jr. (1929-1968), o apóstolo da não violência e militante para abolir a separação de raças nos

Estados Unidos da América, tinha seu Guia Espiritual para a tarefa gloriosa que conseguiu realizar, pois uma semana após sua morte o presidente dos EUA, Lindon Johnson (1908-1973), assina a primeira lei contra a segregação social. Albert Einstein (1879-1955), com a fórmula revolucionária ($E=m.c^2$), que abalaria não somente o mundo da física clássica (newtoniana) como o Planeta Terra, não poderia intuí-la sem a presença de um Guia Espiritual. No meio espírita, para não deixarmos no ostracismo o nosso saudoso Francisco Cândido Xavier (1910-2002), tinha o Espírito Emmanuel como seu Guia Espiritual, conquanto não fosse seu Anjo de Guarda. Ainda vivo (fisicamente), enquanto escrevemos essas páginas, o também médium espírita Divaldo Pereira Franco (1927), o qual temos a honra de sua amizade, tem como seu Guia Espiritual o Espírito Joanna de Ângelis, embora não seja seu Espírito Protetor.

E por aí vai...

RENOVAÇÃO ÍNTIMA

Se o grão de trigo não morrer, ficará estéril.
Mas se morrer, produzirá muito fruto.
– JO 12:24

N ão é de hoje que a renovação íntima (o silêncio interior, o autoconhecimento) é tida como frontispício para a libertação espiritual da criatura humana, ainda tão asselvajada, e, com efeito, fora do Caminho (Princípio Supremo, a Via, o Uno, Deus) e da virtude.

Na Segunda Carta aos Coríntios, Paulo de Tarso convoca todos à renovação íntima, por sê-la incorruptível (cf. 2 Co 4:16). Quanta verdade nessa frase! Ora:

> Na aduana da vida, o passaporte libertador é a conduta íntima. (Vianna de Carvalho, *Reflexões espíritas*, Cap. "Chamamento à luta")

Quando, em nossa casa terrena, nos dispomos a desenvolver o "dia da faxina interna", devemos saber que levaremos um período de desconforto, mas, na antevisão do bem-estar causado pela limpeza e arrumação da morada interior (tão desabitada, tão vazia!), devemos nos predispor a suportar o incômodo da poeira e do cansaço que a tarefa exige.

Mesmo os ensinamentos de Jesus, quando reconhecidos e reverenciados, nada podem enquanto não decidirmos modificar nossa estrutura espiritual – ou seja, enquanto o pensamento não foi profundamente pensado, vivido e sofrido, não se torna ele eterno e imortal. E para essa modificação da estrutura espiritual não basta somente o arrependimento. Este restabelece o estado MORAL antes do erro cometido, mas nenhum arrependimento é capaz de restaurar integralmente na alma o estado REAL anterior à falta, porque arrependimento não é conversão (transmentalização). Não obliteramos que depois do arrependimento a culpa desaparece, mas fica o hábito, aumenta o pendor, a inclinação, a facilidade para a queda e recaída. Enraizou-se, no inconsciente, a ação equivocada da qual poderão brotar sempre novos atos negativos, dificultando a vitória dos atos conscientes positivos.

Perguntar-se-ia: então, o que fazer? Ah! Só uma NOVA atitude pode NEUTRALIZAR a antiga.

Mas, com pesar, preferimos ficar circunspectos e bem-comportados diante das normas de nossa religião ou filosofia. Desse modo, permanecemos incapazes, quase sempre, de acender nossa luz própria. Em outras palavras: **caminhamos procurando o lado iluminado das estradas que percorremos, mas sempre na dependência de que haja quem projete luz no nosso caminho.** Somos cegos por vontade própria, porque não resolvemos retirar os anteparos que obscurecem nosso campo interior, porque nos parece que isso nos representaria uma violência tripla: I) porque seríamos obrigados a abrir mão da dependência externa a que nos habituamos; II) porque precisaríamos nos permitir mirar os falsos conceitos em que até então nos escorávamos; III) e, ainda assim, depois desse "esforço de coragem", precisaríamos habituar nossa visão à claridade ofuscante que as realidades espirituais internas costumam derramar sobre a vida dos espíritos insipientes.

O choque traumático desses três descondicionamentos representa o preço que precisamos pagar para o aprendizado real do silêncio interior. **Enquanto isso não suceder, poderemos ser aluno aplicado às lições, assíduo nas disciplinas e severo na vigilância, mas não teremos possibilidade de acender dentro de nós o clarão poderoso do real processo de despertamento espiritual.**

Procuremos, portanto, apenas o que está em nós, pois em nós encontraremos a luz do mundo – a única luz capaz de nos mostrar o Caminho (a Via, Deus). Se formos incapazes de percebê-la, é inútil procurarmos fora de nós.

No exercício de nossa renovação íntima, vamos preenchendo os espaços de nosso vazio existencial, da nossa falta de identidade. Muitos indivíduos refugiam-se nas *religiões*, pois não têm coragem de perseverar e de se graduar na *religiosidade*. Em outras palavras: muitos falam *de* Deus, mas poucos falam *com* Deus. Muitos querem que Deus lhes pertença, mas não cogitam de pertencer a Deus.

Assemelhemo-nos à semente do bambu chinês, que, depois de plantada, não se vê nos próximos cinco anos senão um lento desabrochar de um pequenino broto á partir do bulbo. Isso se dá porque todo o crescimento é subterrâneo, invisível a olho nu. Entretanto, uma estrutura maciça e fibrosa de raiz, que se estende vertical e horizontalmente por debaixo da terra, está sendo construída. Por fim, no final do 5º ano o bambu chinês cresce até atingir a altura de 25 metros. Ensinamento: é preciso muita fibra para chegar às alturas, e, ao mesmo tempo, muita flexibilidade para se curvar ao chão.

Posto isso, busquemos a nossa força superior! Ela nada mais é do que a exteriorização da nossa consciência, em função do nosso aperfeiçoamento moral; é a parcela que cada um consegue conceber do Todo, o qual chamamos Deus.

E a expansão da consciência é sinal de crescimento moral e espiritual. Para tanto, esperam por nós três direções exatas, a saber:

I) PELA UNIFICAÇÃO DE NÓS MESMOS NO ÂMAGO DE NÓS MESMOS. Na linguagem de Teilhard de Chardin, é conhecido como *Centração*. Isso nos leva ao seguinte raciocínio: o *Eu* é uno, por variadas que sejam suas modalidades de manifestação, quando funciona através de diferentes classes de matéria. O *Eu*, cuja natureza é conhecimento, vê-se refletido em um grande número de formas, e aprende, por experiência, que não pode querer, sentir, nem conhecer por meio das formas. Ele quer dominá-las, intelectualizá-las, mas não percebe movimento algum em resposta; o *Eu* sente, e as formas não mostram sinal algum; o *Eu* conhece, e as formas não compartilham do conhecimento. Então, o *Eu* as reconhece como *Não-Eu*, isto é, aquilo em que ele, como *Eu* separado, não está, em que ele não quer, nem sente, nem conhece.

Por essa razão, muitas vezes o *Eu* interrogará a si mesmo: que é o *Não-Eu*? A resposta será a seguinte: "Tudo aquilo em que não quero, nem sinto, nem conheço". E ainda que, verdadeiramente, faça uma análise final, observará que também seus veículos, exceto a película mais sutil que faz dele "um *Eu*", são partes do *Não-Eu*, são objetos de conhecimento; em verdade, o Cognoscível, não o Conhecedor (o *Eu*).

O conhecimento de si mesmo só pode acontecer se, e somente se, compreender a natureza do Conhecedor (do *Eu*), a natureza do Cognoscível (do *Não-Eu*) e a natureza da relação estabelecida entre ambos, além de saber de que modo se origina tal relação.

O *Eu*, como Conhecedor, tem como função característica o reflexo do *Não-Eu* dentro de si mesmo. Exemplo: da mesma forma que uma placa sensível recebe os raios refletidos dos objetos, e esses raios causam modificações na matéria sob a qual incidem, de sorte que possam obter imagens dos objetos, assim também sucede com o *Eu*, em seu aspecto de conhecimento, com referência a todo o externo. Seu veículo de manifestação (seja o mineral, o vegetal, o animal ou o hominal) é uma esfera onde o *Eu* recebe do *Não-Eu* os raios refletidos do *Eu uno*, fazendo aparecer dentro de si imagens que são os reflexos daquilo que não é Ele mesmo. O Conhecedor não conhece as coisas em si, nas primeiras etapas da sua consciência. Só conhece **imagens produzidas**, dentro dele, pela ação do *Não-Eu* em seu ser respondente; isto é, as fotografias do mundo externo. É daí que a mente, veículo do *Eu*, como Conhecedor, tenha sido comparada a um espelho, em que se veem as imagens dos objetos colocados diante dele. Esse assunto já foi tratado no livro *O Humano Ser* (Editora AGE, 2024), na Parte IV, textos nº 2 ("Memória e vontade") e nº 4. ("E agora?"), de nossa autoria.

Nós, Espíritos imperfeitos, não conhecemos as coisas em si, mas tão só o efeito que elas produzem em nós, isto é, as imagens delas; tal é o que vemos na mente. Assemelha-se, pois, ao espelho: parece que têm os objetos dentro de si; contudo, esses objetos aparentes são somente imagens, ilusões causadas pelos objetos, não os próprios objetos. É isso que acontece com a nossa mente: **em seu conhecimento do Universo externo, só conhece as imagens ilusórias e não as coisas em si mesmas** (cf. livro *O Humano Ser*, Editora AGE, 2024, Parte IV, texto nº 3 "O tempo", de nossa autoria).

A forma e a vida, a matéria e o espírito, o veículo e a consciência são inseparáveis na manifestação, e são aspectos indivisíveis do Todo Absoluto (Deus), ao qual são inerentes.

Perguntar-se-ia: mas sucederá o mesmo sempre? Não conheceremos jamais as coisas em si mesmas? A resposta nos conduz à diferença crucial entre a consciência e a matéria. Então, será possível essa distinção? Somente pelo pensamento, que, por sua vez, é a expressão da mente; esta, quanto menos conseguir refletir as imagens ilusórias do Universo, o *Eu* estará próximo do Reino dos Céus, do Real, da Divindade.

II) PELA UNIFICAÇÃO DE NOSSO SER COM OUTROS SERES, NOSSOS SEMELHANTES. No vocábulo do padre jesuíta Chardin, chama-se *Descentração* – ou seja, uma atitude de devoção que nos arranca da *Centração* individual, e, fazendo-nos ultrapassar, sem negar nossas conquistas, leva-nos a descobrir nossa íntima ligação com os outros indivíduos, exteriores a nós, através da tão conhecida *solidariedade*, mas ainda pouco vivida nesse mundo de calcetas, porquanto "o interesse pessoal é o sinal mais característico da imperfeição. [...] O verdadeiro desinteresse é coisa ainda tão rara na Terra que, quando se patenteia, todos o admiram como se fora um fenômeno" (*O livro dos espíritos*, perg. 895).

Desse modo, a solidariedade que desempenharmos, por mais insignificante que pareça, por ser nobre, incomodará aos frívolos e aos atormentados, provocando ira nuns e inveja noutros. Entretanto, se ela te fascina, acredita, leitor amigo, que tu sentirás uma leveza nos recônditos de tua alma, que ninguém será capaz de colocar uma pedra, por menor que seja, para impedir esse estado de alma inefável que vives. Não olvides, porém, que ninguém, sendo solidário, não suscite desagrado ostensivo e chocante animosidade. A solidariedade unânime somente ocorrerá quando não mais estiver a Terra habitada por almas pusilânimes, vis, fruto do orgulho exacerbado.

Ela traz consigo uma irmã gêmea de placentas diferentes – a compaixão (a piedade), cuja expressão dessa parente tão próxima se resume na seguinte frase: "a dor do outro também é a minha". Nem toda solidariedade significa compaixão, mas toda ação piedosa é solidária.

III) PELA SUBORDINAÇÃO DE NOSSA VIDA A UMA VIDA MAIOR QUE A NOSSA. O geólogo francês, o "filho do céu" e o "filho da Terra", denomina tal comportamento como *Coletivização*, reunindo os grupos sociais, até então dispersos, e consolidando-os em um conjunto, num todo orgânico e socializado. Em outras palavras, **é a fraternidade** (já tão comentada no texto nº 3, neste livro, cujo tema é *Caridade*), e que Teilhard de Chardin denomina *Co-Reflexão* – ou seja, unidade de pensamento consumadora das pessoas através da União (focos de amor e reflexão), pois somos irmãos e irmãs em nossos corpos, pela interação das moléculas físicas. Somos irmãos e irmãs em nossas mentes, através da interação de imagens (representações mentais), que é resultado de nossos pensamentos condicionados, com as quais cada um de nós está constantemente afetando outras pessoas. E acima de tudo, somos irmãos e irmãs em Deus, animados pelo espírito e tendemos para o mesmo fim (cf. *O livro dos espíritos*, perg. 54). Logo, em todos os planos da Vida, a *Coletivização* teilhardiana (fraternidade) existe como um fato, como um imperativo categórico, uma fatalidade que todos nós estamos fadados, alguns mais cedo e outros mais tarde.

Nossa renovação íntima só se torna legítima quando vivemos:

> O tempo com **dimensão atemporal**, em entrega, em confiança, em paz. (Joanna de Ângelis, *O homem integral*, Cap. XXIX)[1]

Desse modo, o silêncio interior é incorruptível conforme disse, sentiu e viveu o ex-rabino de Tarso (cf. 2 Co 4:16), pois o ser que se encontra renovando-se intimamente não se considera alguém "iluminado", mas um "servo". Sentiu, em si mesmo, as duas condições e sabe que a segunda se ajusta melhor aos propósitos de renovação.

Luz recebeu-a, valorizando-a. No entanto, não sem antes identificar onde estava a sombra que mais se fazia necessário socorrer. Acrescentou aos próprios bens a felicidade de "ser pequeno", e, em consciência desperta para as suas deficiências morais, encontrou o ponto miraculoso de ligação com o amor verdadeiro a seus semelhantes.

Esclarecê-los? Sim, é preciso, mas antes mister se faz amá-los e ampará-los, uma vez que terão também necessidade de lutar estoicamente contra os males acumulados no passado. A renovação íntima traz a soledade, conquanto onde houver dor aí estará aquele que estiver em fidelidade à Lei Divina, infundindo coragem para os que permanecem no erro, que em verdade não têm senão a existência fictícia, proporcionada por nossos hábitos enraizados no passado.

O apóstolo da renovação íntima vive *por* amor e *pelo* amor – força ainda tão desconhecida da Humanidade, que lhe sofre a ausência, como se caminhasse num deserto sem chuvas.

Se lhe afirmam ser um grande missionário, não crê. Não se preocupa em ser elevado a altitudes espirituais que sabe existirem em escala infinita. Sem sonhos de grandeza está representada, no pouco de cada instante, na chama pequenina de sua felicidade íntima, defendendo-a cuidadosamente dos ventos da curiosidade alheia. Fecha-se em sua modéstia, como quem cerra as janelas ao vento destruidor de um ciclone. Malgrado, as portas do Eu Superior encontram-se sempre abertas a quem necessite do calor que a pequena luz de seu coração já podia irradiar.

Sua mansidão é como um imã, atraindo desviados e infelizes. Ao invés de procurar, é procurado. Não se inflama diante da perspectiva de ajudar, pois sabe que todos nós estamos sendo constantemente ajudados, já que o Bem é uma força avassaladora a impor-se naturalmente.

O Humano Ser em renovação íntima está alicerçado em **verdade nas palavras, sinceridade nas intenções, bondade nos atos, indulgência no juízo, fidelidade nas promessas, serenidade na dor, castidade conosco mesmo, caridade com todos**.

Notas

1. Os sentimentos do amor, da fraternidade, da solidariedade, da fé, e tantas outros nobres, quando vividos tornam-se ATEMPORAIS. Pedimos ao leitor que confira esse assunto, tão minucioso, no livro *O Humano Ser* (Editora AGE, 2024), Parte IV, textos 2, 3 e 4, de nossa autoria.

IDEAL SUPERIOR

> *Para o Homem crístico*
> *só existe uma verdade suprema,*
> *eterna e infinita: o Cristo.*
> *Ou seja, o Homem ideal em que habita*
> *toda a plenitude da Divindade.*
>
> – BRUNO GODINHO

O ser que um dia resolve sair da rotina tradicional e se expor ao perigo de um ideal superior saiba que o mundo não o compreenderá, porquanto o mais arrojado idealista da história – Jesus – foi crucificado, morto e sepultado pelos cultores da mediocridade.

Paulo de Tarso, um exemplo nobre a ser citado, diz que:

> Todos os que piamente querem viver em Cristo Jesus padecerão perseguições. (2 Tm 3:12)

O Espírito Emmanuel, através da psicografia de Francisco Cândido Xavier, no livro *Vinha de luz*, Capítulo LXXVII, depois de rememorar a frase retirada da missiva do Apóstolo dos Gentios ao seu *discípulo amado*, que citamos acima, faz a seguinte digressão:

Incontestavelmente, os códigos de boas maneiras do mundo são sempre respeitáveis, mas é preciso convir que, acima deles, prevaleçam os códigos de Jesus, cujos princípios foram por Ele gravados com a própria exemplificação.

O mundo, porém, raramente tolera o código de boas maneiras do Mestre divino.

Se te sentes ferido e procuras a justiça terrestre, considerar-te-ão homem sensato; contudo, se preferes o silêncio do grande Injustiçado da Cruz, ser-te-ão lançadas ironias à face.

Se reclamas a remuneração de teus serviços, há leis humanas que te amparam, considerando-te prudente, mas se algo de útil produzes sem exigir recompensa, recordando o divino Benfeitor, interpretar-te-ão por louco.

Se te defendes contra os maus, fazendo valer as tuas razões, serás categorizado por homem digno; entretanto, se aplicares a humildade e o perdão do Senhor, serás francamente acusado de covarde e desprezível.

Se praticares a exploração individual, disfarçadamente, mobilizando o próximo a serviço de teus interesses passageiros, ser-te-ão atribuídos admiráveis dotes de inteligência e habilidade; todavia, se te dispões ao serviço geral para benefício de todos, por amor a Jesus, considerar-te-ão idiota e servil.

Enquanto ouvires os ditames das leis sociais, dando para receber, fazendo algo por buscar alheia admiração, elogiando para ser elogiado, receberás infinito louvor das criaturas, mas, no momento em que, por fidelidade ao Evangelho, fores compelido a tomar atitudes com o Mestre, muita vez com pesados sofrimentos para o teu coração, serás classificado à conta de insensato.

Atende, pois, ao teu ministério onde estiveres, sem qualquer dúvida nesse particular, certo de que, por muito tempo ainda, o discípulo fiel de Jesus, na Terra, sofrerá perseguições.

Ora:

Nenhuma edificação do Bem alcança a sua gloriosa destinação dispensando os heróis da abnegação e da renúncia. Incompreendidos, no início, suportam as dificuldades mais sérias confiantes no resultado dos esforços, vencendo as intempéries de todo tipo, os enfrentamentos mais covardes e rudes, traiçoeiros e ignóbeis, firmes de decisão até o momento em que o triunfo do ideal os aureola com o martírio demorado. (Vianna de Carvalho, *Espiritismo e vida*, Cap. XIX)

E mais:

[...] certos de que, num "planeta de provas e expiações", ninguém passa sem padecer incompreensão, dificuldade e dor, especialmente quando a serviço dos ideais dignificadores da Humanidade. (Vianna de Carvalho, *Novos rumos*, Cap. XX)

Aqui bem cabe a mensagem de Aurelius Augustinus (354-430), exarada na *Revista Espírita* de abril de 1862:

Flagelou-se a carne, deve-se flagelar o Espírito; ora, em verdade vos digo, quando esta coisa chegar, estareis perto de cantar, todos juntos, o cântico de ação de graças, e há de se estar perto de ouvir um único e mesmo grito de alegria sobre a Terra! Eu vo-lo digo, antes da idade de ouro e do reino do Espírito, são necessários os dilaceramentos, o ranger de dentes e as lágrimas.

As perseguições já começaram. Espíritas! sede firmes, e permanecei de pé: estais marcados pelo ungido do Senhor. Sereis tratados de insensatos, de loucos e de visionários; não se fará mais ferver o azeite, não se levantarão mais cadafalsos nem fogueiras mas o fogo de que se servirá para vos fazer renunciar às vossas crenças será mais pungente e mais vivo ainda. Espíritas! despojai-vos, pois, do homem velho, uma vez que é ao homem velho que se fará sofrer; que as vossas novas túnicas sejam brancas; cingi as vossas frontes de coroas e preparai-vos para entrar na liça. Sereis amaldiçoados: deixai vossos irmãos vos chamar *racca*, orai por eles, ao contrário, e afastai de suas cabeças o castigo que o Cristo disse reservar àqueles que dissessem *racca* aos seus irmãos!

Preparai-vos para as perseguições pelo estudo, pela prece e pela caridade; os servidores serão expulsos de entre seus senhores e tratados de loucos!

E não poderia ser diferente, pois:

[...] sob variadas formas, forças conjugadas nos seguem, assaltando-nos a paz interior, a rudes golpes de impiedade bem-dirigida. (Joanna de Ângelis, *Messe de amor*, Cap. XII)

Não é, portanto, o suplício que faz o mártir, mas a Causa. Como assim? – perguntar-se-ia. Explicaremos: em todas as épocas, e ainda hoje, os que se dedicam à árdua tarefa de viver por antecipação, relativamente à maioria, **experiências internas que os habilitam a ultrapassar os**

conceitos gerais, em qualquer área de atividade, pagam o preço da perseguição desonrosa. Nos dias atuais, mudaram-se apenas os métodos.

Bem arguiu um Espírito Protetor, quando trouxe sua mensagem na cidade de Cracóvia, no ano de 1861, e Allan Kardec exarou-a em *O Evangelho segundo o Espiritismo*, no Capítulo XI, item 13:

> Hoje, na vossa sociedade, para serdes cristãos, não se vos faz mister nem o holocausto do martírio, nem o sacrifício da vida, mas única e exclusivamente o sacrifício do vosso egoísmo, do vosso orgulho e da vossa vaidade. **Triunfareis, se a caridade vos inspirar e vos sustentar a fé.**

Nem sempre é claro, amigo leitor, o céu do cristão decidido quando servindo ao Cristo Jesus. Malgrado, não há nada a temer! Ao contrário: alegremo-nos pelos tormentos e pelas fustigações alheias, bem típicas desse mundo de desgosto, já que:

> O destino humano é viver e lutar. Rejubilai-vos vós que não temeis a luta, porque uma glória imarcescível (eterna) vos coroará. O sofrimento passa e a força da alma fica; tudo conforme o traçado do Geômetra Supremo, que não se ilude jamais e tudo delineia com maravilhoso acerto. Confiai no Pai mesmo quando tudo pareça desdizer a sua Providência. Quando o mal deixar de atrair-vos totalmente e vossas almas se tornarem puras como o ouro no crisol, desnecessário se terá tornado o sofrimento e conquistareis a felicidade suprema: a redenção, que vos franqueará o ingresso em esferas sublimes, de beleza indescritível. (Victor Hugo, *O solar de Apolo*, p. 114-115)

Foi o próprio Crucificado quem nos pediu júbilo diante das perseguições, e Mateus registrou em seu Evangelho:

> Bem-aventurados sois vós, quando vos injuriarem e perseguirem e, mentindo, disserem todo o mal contra vós por minha causa. Exultai e alegrai-vos, porque é grande o vosso galardão nos céus; porque assim perseguiram os profetas que foram antes de vós. (Mt 5:11-12)

Tais palavras parecem ainda ressoar aos ouvidos de nossa alma, assim como serviram de acústica a muitos que O seguiram, já que:

> Foram torturados, não aceitando o seu livramento, para alcançarem uma melhor ressurreição. (Hb 11:35)

Como outrora, Ele continua a dizer:

> Sê fiel até à morte, e dar-te-ei a coroa da vida. (Ap 2:10)

E:

> Lembrai-vos da palavra que vos disse: não é o servo maior do que o seu Senhor. Se a Mim Me perseguiram, também vos perseguirão a vós. (Jo 15:20)

Vamos encerrando este texto, asseverando que ninguém planta roseiras sem ferir as mãos de espinhos. Ninguém prega doutrinas divinas, nem ensina mistérios celestes, sem que seja tachado de louco varrido, desequilibrado, soberbo, dono da verdade. Ninguém mostra aos Homens o caminho da verdade e da vida sem que eles lhe apontem o caminho do exílio. Ninguém leva outros ao cume do ideal sem que eles tentem despenhá-lo ao abismo.

Basta rever a:

[...] vida dos heróis e dos desbravadores. Todos passaram incompreendidos e desrespeitados. (Joanna de Ângelis, *Messe de amor*, Cap. II)

Em consonância com a Veneranda citada acima (e que não poderia ser diferente), asseverou Léon Denis:

Dá-se o mesmo com todos os heróis, com todos os grandes caracteres, com os corações generosos, com os espíritos mais eminentes. Sua elevação mede-se pela soma dos sofrimentos que passaram. Ante a dor e a morte, a alma do herói e do mártir revela-se em sua beleza comovedora, em sua grandeza trágica, que toca às vezes o sublime e o nimba de uma luz inextinguível. (*O problema do ser, do destino e da dor*, Cap. XXVI)

Não receamos, contudo, porquanto:

Não há homem, por mais duro, por mais cruel, que não se sinta desarmado contra vós se estiver convencido de que quereis seu bem, sua felicidade e de que tal desejais de modo real e desinteressado. (Léon Denis, *O grande enigma*, Cap. VIII)

Nada de grande acontece no mundo sem que o mundo se revolte. Tudo que é belo agoniza fatalmente entre os braços da cruz. É essa a gloriosa tragédia dos Homens de ideal superior.

O VELADOR DA LUZ

Coragem é a resistência ao medo,
domínio do medo,
e não a ausência do medo.
– MARK TWAIN

Existe uma energia que sustenta a força moral da criatura humana, e que induz ao êxito – é a coragem da fé! Allan Kardec, em sua singular sapiência, trouxe em *O Evangelho segundo o Espiritismo*, Capítulo XXIV, item 15, como se porta o ser cuja coragem da fé é seu balaústre. Vejamos:

> A coragem das opiniões próprias sempre foi tida em grande estima entre os homens, porque há mérito em afrontar os perigos, as perseguições, as contradições e até os simples sarcasmos, aos quais se expõe, quase sempre, aquele que não teme proclamar abertamente ideias que não são as de toda gente. Aqui, como em tudo, o merecimento é proporcionado às circunstâncias e à importância do resultado. Há sempre fraqueza em recuar alguém diante das consequências que lhe acarreta a sua opinião e em renegá-la; mas há casos em que isso constitui covardia tão grande quanto fugir no momento do combate.

Diz a escritora, teósofa, erudita, militante socialista, ativista e defensora dos direitos das mulheres, Annie Besant (1847-1933):

> Não me atrevo a comprar a paz com uma mentira; imperiosa necessidade me induz a dizer a verdade tal como a vejo, agradem ou não as minhas palavras, receba louvor ou vitupério. Devo manter imaculada esta fidelidade ao verdadeiro, mesmo que me custe amizades, mesmo quebrando laços humanos. A verdade poderá conduzir-me a um deserto, poderá privar-me de todo o afeto – mas devo segui-la. Ainda que me tirasse a vida, confiaria nela.

O Espírito Joanna de Ângelis, no livro *Celeiros de bênçãos*, Capítulo XXXIX, diz:

> A coragem é consequência natural e legítima da fé. Abastecida pela resistência do amor, consubstancia os valores do ideal e eleva o homem às culminâncias do triunfo.
>
> [...] A coragem é calma, segura, fonte geratriz de equilíbrio que fomenta a vida e eleva o labor aos cumes da glória.
>
> [...] Nada de fora pode impedir a eclosão da coragem, e principalmente da coragem da fé, a mais relevante.
>
> [...] Não fosse a coragem [da fé], os pioneiros, os heróis, os sacerdotes, os santos, os sábios e os mártires da Humanidade não haveriam logrado a grandeza a que se propuseram, alçando o homem aos zênites das conquistas de vária ordem.
>
> Experimentaram o ácido da impiedade generalizada, provaram os acicates da zombaria, sofreram a crueza das perseguições sob as quais elevaram os padrões humanos a

excelência da solidariedade, do amor, do conforto, da felicidade. Ei-la anônima, valorosa em muitas expressões: a coragem da paternidade responsável; a coragem de perseverar na verdade; a coragem de amar desinteressadamente; a coragem de ceder, quando poderia deter; a coragem de dar a vida para que outros a ganhem; a coragem de cultivar a humildade; a coragem de sofrer a injustiça, em silêncio, perseverando enobrecido; a coragem de vencer-se primeiro.

O médico, psicólogo e filósofo americano Willian James (1842-1910) disse que "quando alguém precisa tomar uma decisão e não toma, está tomando a decisão de não fazer nada". Ora, isso quer dizer que o indivíduo não toma decisões porque não está convicto; não está convicto porque não entendeu; não entendeu porque não discerniu; não discerniu porque não estava em equilíbrio; e o equilíbrio depende diretamente das emoções articuladas. E, a quem possa interessar, o medo é uma emoção desarticulada; a covardia, é sua filha obediente.

O velador da luz, todavia, guarda consigo a fé no Supremo Poder como chama inapagável no coração. Sente-se inebriado com esse sublime influxo que se faz portador. Sua fé não titubeia, porquanto tem consciência do testemunho que mister se faz dar.[1]

Resultado:

Quando Jesus encontra santuário no coração de um homem, modifica-se-lhe a marcha inteiramente.

Não há mais lugar dentro dele para a adoração improdutiva, para a crença sem obras, para a fé inoperante.

Algo de indefinível na terrestre linguagem transtorna-lhe o espírito.

Categoriza-o a massa comum por desajustado, entretanto, o aprendiz do Evangelho, chegando a essa condição, sabe que o Trabalhador Divino como que lhe ocupa as profundidades do ser.

Renova-se-lhe toda a conceituação da existência.

O que ontem era prazer, hoje é ídolo quebrado.

O que representava meta a atingir, é roteiro errado que ele deixa ao abandono.

Torna-se criatura fácil de contentar, mas muito difícil de agradar.

A voz do Mestre, persuasiva e doce, exorta-o a servir sem descanso.

Converte-se-lhe a alma num estuário maravilhoso, onde os padecimentos vão ter, buscando arrimo, e por isso sofre a constante pressão das dores alheias.

A própria vida física afigura-se-lhe um madeiro, em que o Mestre se aflige. É-lhe o corpo a cruz viva em que o Senhor se agita crucificado.

O único refúgio em que repousa é o trabalho perseverante no bem geral.

Insatisfeito, embora resignado; firme na fé, não obstante angustiado; servindo a todos, mas sozinho em si mesmo, segue, estrada a fora, impelido por ocultos e indescritíveis aguilhões...

Esse é o tipo de aprendiz que o amor do Cristo constrange, na feliz expressão de Paulo [cf. 2 Co 5:14].

Vergasta-o a luz celeste por dentro até que abandone as zonas inferiores em definitivo.

Para o mundo, será inadaptado e louco.

Para Jesus, é o vaso das bênçãos.

A flor é uma linda promessa, onde se encontre. O fruto maduro, porém, é alimento para Hoje.

Felizes daqueles que espalham a esperança, mas bem-aventurados sejam os seguidores do Cristo que suam e padecem, dia a dia, para que seus irmãos se reconfortem e se alimentem no Senhor! (Emmanuel, *Fonte viva*, Cap. CXXIV)

O Espírito Amélia Rodrigues, no livro *Até o fim dos tempos*, capítulo intitulado "Bênçãos da união", tece uma mensagem de coragem ao lembrar a passagem que Mateus registrou em seu Evangelho, colocando-a com sua licença poética:

Há pouco disse a vocês: Não mais me vereis até que digais: Bendito o que vem em nome do Senhor. (Mt 23:39)

Possivelmente não me entendestes, porque me referia à separação física que haverá entre nós, quando o cordeiro for imolado e pendurado a um madeiro de infâmia a balouçar como um trapo ao vento.

Passados esses dias, o mundo que não está preparado para a Mensagem voltar-se-á contra vós. O ódio urdirá infâmias e perversidades; a inveja abrirá abismos pelo vosso caminho, tentando impedir-vos o avanço; as paixões se levantarão açoitando os vossos sentimentos mais nobres, provocando vossas emoções mais belas, de forma que sintais esmagados ao peso da crueldade, tentados a desistir.

Tende, porém, bom ânimo, e lembrai-vos de mim, que não conquistei o mundo dos interesses mesquinhos, mas venci o mundo que esgrimiu suas armas covardes contra mim.

[...] Orai sempre e servi com abnegação sem medidas, não vos deixando atingir por eles e por aqueles de quem se utilizem, mesmo sendo corações afetuosos a quem amais.

Lutai para preservardes a união. Uma vara é fácil de ser quebrada, duas ainda podem ser arrebentadas, no entanto, todo feixe harmônico opõe grande resistência e nem sempre é despedaçado.

Assim sucederá convosco, se permanecerdes identificados pela união de propósitos em nome do Senhor.

[...] Eu vos escolhi, não fostes vós quem me escolhestes. Eu vos chamei, porque vos conheço, embora ainda não me conheçais, como seria de desejar. Por isso, tende coragem e não desanimeis nunca.

Não importa como ajam os outros; importa como vos conduzais. A vós, vos cabe semear, servir e passar.

Ficai em paz e não vos atemorizeis nunca. Jamais o mal venceu o bem, ou a sombra predominou ante o impacto da luz.

[...] Permanecei confiantes e felizes, porque fostes escolhidos!

E aqui cabe uma advertência àqueles que ainda não vivem (sentem) a mensagem acima:

A gleba imensa do Cristo reclama trabalhadores devotados, que não demonstrem predileções pessoais por zonas de serviço ou gênero de tarefa.

Apresentam-se muitos operários ao Senhor do Trabalho, diariamente, mas os verdadeiros servidores são raros.

A maioria dos tarefeiros que se candidatam à obra do Mestre não seguem além do cultivo de certas flores, recuam à frente dos pântanos desprezados, temem os sítios desertos ou se espantam diante da magnitude do serviço, recolhendo-se a longas e ruinosas vacilações ou fugindo das regiões infecciosas. (*Vinha de luz*, Cap. LXIX)

O velador da luz, porém, não se intimida. Ao revés, vai ao encontro dos infortúnios ocultos, porquanto encontrou o Nirvana, a felicidade, a plenitude, a individuação, a imanência divina sem, com isso, equivaler-se a uma desintegração da consciência humana. O Homem que atingiu o seu centro espiritual e ali encontrou a Deus (o Reino dos Céus) é o único que pode realmente fazer o bem a seus semelhantes. Ora, da periferia não se pode atuar eficazmente sobre a periferia; só do centro é possível a atuação eficaz sobre a zona periférica. E assim resulta o estranho paradoxo: o Humano Ser que abandonou seus semelhantes (sem isolar-se deles), por amor a Deus, é o único que pode realmente ajudá-los, porque age de dentro para fora, do centro para a periferia.

O Espírito Joanna de Ângelis, no livro *Vidas vazias*, Capítulo XXII, convoca todos ao testemunho purificador:

> Agora é tua vez. Cristão sem sofrimento é apenas candidato. Tem coragem e segue adiante. Ama e compreende. Persevera e desculpa.

O velador da Luz sempre terá o amparo:

> Das Esferas Superiores, companheiros que te [lhe] precederam na romagem, e que continuam vivos, vêm enxugar-te o pranto, consolando o teu coração. Sustentam o teu Espírito à hora da dificuldade para que não desfaleças nos rudes embates, semeando a felicidade na tua senda, chorando e sorrindo contigo, confiantes e ansiosos, aguardan-

do o momento de te abraçarem, após a tarefa começada, com os júbilos de quem recebe, no lar, o familiar que retorna, depois de rudes refregas. (Joanna de Ângelis, *Messe de amor*, Cap. XXXII)

E não esqueçamos jamais que:

A abnegação e o devotamento são uma prece contínua e encerram um ensinamento profundo. A sabedoria humana reside nessas duas palavras. Possam todos os Espíritos sofredores compreender essa verdade, em vez de clamarem contra suas dores, contra os sofrimentos morais que neste mundo vos cabem em partilha. Tomai, pois, por divisa estas duas palavras: **devotamento e abnegação**, e sereis fortes, porque elas resumem todos os deveres que a caridade e a humildade vos impõem. O sentimento do dever cumprido vos dará repouso ao espírito e resignação. O coração bate então melhor, a alma se asserena e o corpo se forra aos desfalecimentos, por isso que o corpo tanto menos forte se sente, quanto mais profundamente golpeado é o espírito. (O Espírito de Verdade, *O Evangelho segundo o Espiritismo*, Cap. VI, item 8)

O Cristo Jesus, sofrendo o impacto dos Homens imersos nas sombras de seu *Ego* avassalador, sem os repelir, deixou na aura da Terra gravada a mensagem do amor que não magoa nem mesmo quando magoado, por saber que a Lei é servir no padrão mais elevado, mesmo quando esse nível não é ainda valorizado, pois a grande magia desse sentimento nobre abarca as consciências independente de estarem ainda denegridas e não conseguirem responder na mesma ressonância. Ora, faz parte do aprendizado espiritual a necessidade de conviver com padrões mais elevados para ser provocado o desnível, o impacto a ser aproveitado futuramente no momento do despertamento consciencial para a Luz.[2]

Seguramente amparado, o Espírito daqueles que amam no padrão mais alto que lhes é acessível serve à Vida e prossegue como facho de claridade indefinível – marco de despertamento nas consciências embrionárias necessitadas do suave impulso dos que já sentem a aurora de uma espiritualidade pura.

Desse modo, sejamos gratos ao Crucificado e jamais Lhe peçamos que nos retire o cálice amargo da aprendizagem. É nosso dever sorvê-lo até o fim, pois contém a beberagem curativa para as feridas que ainda sangram em nosso ser.

Notas

1. Quando a vida projeta no Humano Ser suas oportunidades de realização, sucede como se a luz incidisse sobre um corpo e sua imagem se projetasse num espelho. O que todos veem é a imagem refletida, mas no prolongamento dos raios refletidos encontra-se a imagem virtual não identificada, que se desenvolve em outro plano. Os que podem observar esse foco virtual, que poderíamos associar à consciência em suas mais recônditas expressões, constatam que potencialidades existem que vêm sendo desenvolvidas sem uma percepção clara do fenômeno, mesmo para o Espírito que o vivência. A virtude existirá em toda atividade capaz de realmente atingir e estimular esse foco virtual (intuição), onde o processo real da evolução se desenvolve.

O salto entre o intelecto e a intuição, entre a concepção e a percepção espiritual representa uma ponte muito frágil e movediça, comparável àquelas construídas sobre cordas entre altíssimos pontos da montanha da evolução. Aquele que atravessa deve ser corajoso suficientemente para olhar os abismos sem perder o valor e sem desequilibrar-se no frágil ponto de apoio que lhe serve de passagem entre os dois mundos em que precisa aprender a exercer suas atividades.

Quando se trata de explorar o campo espiritual, onde as compensações não são imediatamente valorizadas, a maior parte dos indivíduos recua, julgando temerário deixar o "certo pelo duvidoso".

Só os que se decidem a pôr em jogo toda a "segurança" reconhecem o valor do que conquistaram sob a forma de inteligência e capacidade de ação, como alguém que já "explorou" todo o terreno que se encontra em um dos lados do abismo e resolve utilizar os recursos frágeis da ponte, em que a intuição está simbolizada, sobre o abismo profundo da incerteza, por ter reconhecido que as certezas possíveis no espaço representado pelo "lado de cá" da matéria em que permanece são incapazes de fornece-lhe as respostas desejadas.

Essa coragem acaba por enraizar-se sob a forma de um jogo final, onde se empenha na situação do "tudo ou nada", o rasgo definitivo da decisão para a exploração valorosa dos redutos ignorados, onde a Realidade última (a Lei) possa um dia ser encontrada.

Ao ser observado, esse indivíduo que se empenha na aventura de cruzar a ponte, e depois, com a coragem da fé, lança-se a escalar os mais altos picos da terra desconhecida, será considerado um *temerário* ou *louco* por arriscar assim sua segurança.

Essa "divina loucura", na alma humana encarnada, só ocorre após o reconhecimento de suas sombras. Portanto, é na escuridão, e não na luz, que o Humano Ser encontra o sentido existencial e descobre sua verdadeira identidade – sempre Una com a Lei.

Entretanto, enquanto isso não ocorre, o indivíduo age, pensa e sente como uma imagem dele refletida nos conceitos gerais que sobre ele se fazem. Suas "pseudovirtudes" são tantas quantas sejam as facetas agradáveis que sua imagem refletida na mente (sempre enganosa) própria ou alheia possa manifestar, num intercâmbio superficial em que o próprio interessado geralmente só percebe o que vê refletido no espelho dos conceitos sociais, que na maioria das vezes não são fiéis.

A criatura humana que vive por intuição, começa a "ouvir e ver" em nova dimensão, atendendo ao apelo do Crucificado aos que fossem mais maduros espiritualmente falando, auscultando as profundezas de sua própria alma, enfrentando os atavismos das formações milenares que adormeceram no seu arquivo consciencial.

Sua intuição irá sendo desvelada como uma acomodação crescente da visão interior a níveis de assimilação para os quais a palavra é impotente, por constituírem a antítese dos conceitos para os quais o linguajar humano foi construído.

Àqueles que desejarem entender um pouco melhor sobre a temática *intuição*, com mais vagar, sugerimos a leitura da obra *O Humano Ser* (Editora AGE, 2024), de nossa autoria, cuja Parte IV, no último texto do livro, aborda o assunto supracitado.

2. Ao leitor interessado em se aprofundar no que dissemos nesse parágrafo, favor ler a obra *O Humano Ser* (Editora AGE, 2024), Parte IV, texto "Como funciona a evolução?", de nossa autoria.

EPÍLOGO

Viver sem medo, aqui, ali, seja onde for,
Entre bons, entre maus, entre A, B ou C,
É uma virtude cristã, de inegável valor;
É prova de que em Deus e no Crucificado se crê.

Viver sem medo é ter, dentro da própria Vida,
Uma vida maior, independente e forte;
É não temer a dor; é ter a alma nutrida
Pelas bênçãos do amor, que desconhece a morte.

Viver sem medo é ter compreensão de tudo
Quanto possa levar o Homem à perfeição;
É ante o erro e o crime, armar-se com o escudo
Da ciência e do amor, do bem e da instrução.

Viver sem medo é não deixar o egoísmo,
A indisciplina, o vício, a ambição e a vaidade
Continuarem a ser o tremendo abismo
Existente entre Deus e a Sua Humanidade.

Viver sem medo é saber, com coragem espartana,
Que a revolta não resolve o problema da dor,
E que o equilíbrio e a paz da sociedade humana
Não se podem basear na raiva e no rancor.

Viver sem medo, é dizer: ontem errei e hoje acertei
E não esquecer que a Vida maior tem
um imperativo categórico:
Nascer, morrer, renascer sempre, tal é a Lei.

Viver sem medo, enfim, é ter absoluta certeza
De que a sombra jamais há de ter a luz...
É avançar sorrindo, combatendo a torpeza,
Renunciar ao mal, carregar sua Cruz!

REFERÊNCIAS

AGOSTINHO, Aurélio (Santo Agostinho). *Confissões*. 19. ed. São Paulo: Paulus, 2006.

ALMEIDA, João Ferreira de Almeida. *Bíblia Sagrada Almeida Corrigida Fiel*. 1. ed. Belenzinho: Sociedade Bíblica Trinitariana do Brasil, 1994.

ÂNGELIS, Joanna de (Divaldo Pereira Franco). *Amor imbatível amor*. 12. ed. Salvador: Livraria Espírita Alvorada, 1998.

_____, Joanna de (Divaldo Pereira Franco). *Atitudes renovadas*, 6. ed. Salvador: LEAL, 2014.

_____, Joanna de (Divaldo Pereira Franco). *Autodescobrimento*. 5. ed. Salvador: Livraria Espírita Alvorada, 1981.

_____, Joanna de (Divaldo Pereira Franco). *Estudos Espíritas*. 5. ed. Salvador: Livraria Espírita Alvorada, 1981.

_____, Joanna de (Divaldo Pereira Franco). *Florações evangélicas*. 5. ed. Salvador: Livraria Espírita Alvorada, 1987.

_____, Joanna de (Divaldo Pereira Franco). *Messe de amor*, 1. ed. eletrônica, Miami Beach: Leal Publisher, 2014.

_____, Joanna de (Divaldo Pereira Franco). *Plenitude*. 18. ed. Salvador: Editora Leal, 2014.

_____, Joanna de (Divaldo Pereira Franco). *Vidas vazias*. Salvador: Editora Leal, 2020.

CARVALHO, Vianna de (Divaldo Pereira Franco). *À luz do Espiritismo*. 4. ed. Salvador: Livraria Espírita Alvorada, 2000.

_____, Vianna de (Divaldo Pereira Franco). *Espiritismo e vida*. Salvador: Livraria Espírita Alvorada, 2009.

_____, Vianna de (Divaldo Pereira Franco). *Reflexões espíritas*. Salvador: Livraria Espírita Alvorada, 1992.

CHARDIN, Teilhard de. *Mundo, Homem e Deus*. 3. ed. São Paulo: Editora Cultrix, 1986.

_____, Teilhard de. *O fenômeno humano*. São Paulo: Editora Cultrix, 2006.

DENIS, Léon. *Depois da morte*. 28. ed. Brasília: Federação Espírita Brasileira, 2012.

_____, Léon. *O grande enigma*. Rio de Janeiro: Federação Espírita Brasileira, 1919.

_____, Léon. *O problema do ser do destino e da dor*. 32. ed. Brasília: Federação Espírita Brasileira, DF, 2012.

_____, Léon. *Socialismo e Espiritismo*. Matão: Casa Editora O Clarim, 2022.

DESCARTES, René. *O Discurso do método*. São Paulo: Editora Martin Claret, 2006.

EMMANUEL, (Francisco Cândido Xavier). *Caminho, verdade e vida*. Brasília: Federação Espírita Brasileira, 2023.

_____, (Francisco Cândido Xavier). *Ceifa de luz*. 2. ed. Brasília: Federação Espírita Brasileira, 2019.

_____, (Francisco Cândido Xavier). *Fonte viva*. Brasília: Federação Espírita Brasileira, 2020.

_____, (Francisco Cândido Xavier). *Ideal espírita*. Brasília: Federação Espírita Brasileira, 2023.

_____, (Francisco Cândido Xavier). *O consolador*. 24. ed. Rio de Janeiro: Federação Espírita Brasileira, 1940.

_____, (Francisco Cândido Xavier). *Vinha de luz*. Brasília: Federação Espírita Brasileira, 2020.

EPICURO. *Carta sobre a felicidade*. São Paulo: Fundação Editora da UNESP (FEU), 2002.

HUGO, Victor. *Dor suprema*. Brasília: Federação Espírita Brasileira, 2014.

_____, Victor. (Zilda Gama). *O solar de Apolo*. 6. ed. São Paulo: Livraria Allan Kardec Editora (LAKE), 1992.

KARDEC, Allan. *A gênese*. 48. ed. Rio de Janeiro: Federação Espírita Brasileira, 1944.

_____, Allan. *O Evangelho segundo o Espiritismo*. 43. ed. Rio de Janeiro: Federação Espírita Brasileira, Rio de Janeiro, RJ, 1954.

_____, Allan. *O livro dos espíritos*. 33. ed., Rio de Janeiro: Federação Espírita Brasileira, 1974.

_____, Allan. *Revue Spirite de 1861*. São Paulo: EDICEL, 1985.

LUIZ, André (Francisco Cândido Xavier). *Ação e reação*. 20. ed. Rio de Janeiro: Federação Espírita Brasileira, 2000.

MIRANDA, Manoel Philomeno de (Divaldo Pereira Franco). *Nas fronteiras da loucura*. Miami Beach: Leal Publisher, 2014.

_____, Manoel Philomeno de (Divaldo Pereira Franco). *Nos bastidores da obsessão*. 12. ed. Rio de Janeiro: Federação Espírita Brasileira, 2006.

MENEZES, Bezerra de. *Dramas da obsessão*. 11. ed. Brasília: Federação Espírita Brasileira, 2012.

_____, Bezerra de. *História de um sonho*. Brasília: Federação Espírita Brasileira, 2009.

PASTORINO, Carlos Torres. *Sabedoria do Evangelho, volume III*. Rio de Janeiro: Editora Sabedoria, 1964.

PERALVA, Martins. *Estudando a mediunidade*. 27. ed. Brasília: Federação Espírita Brasileira, 2017.

PLATÃO. *Diálogos VI (Cármides)*. 2. ed. Bauru: Edipro, 2016.

RAMATÍS. *Mensagens do grande coração*. 7. ed. Limeira: Editora do Conhecimento, 2004.

_____, (Hercílio Maes). *Sob a luz do Espiritismo*. Limeira: Editora do Conhecimento, 1999. *E-book*.

RODRIGUES, Amélia. *Até o fim dos tempos*. 3. ed. Salvador: Livraria Espírita Alvorada, 2000.

_____, Amélia (Divaldo Pereira Franco). *Há flores no caminho*. 5. ed. Salvador: Livraria Espírita Alvorada, 1982.

SÊNECA. *Como manter a calma: um guia clássico de como lidar com a raiva*. Rio de Janeiro: Editora Nova Fronteira, 2019. *E-book*.

VOZ, Sua (Pietro Ubaldi). *A grande síntese*. Rio de Janeiro: Federação Espírita Brasileira, 1939.

_____, Sua (Pietro Ubaldi). *Grandes mensagens*. Brasília: Instituto Pietro Ubaldi, 2012.

VINÍCIUS, *Em torno do mestre*. 9. ed. Brasília: Federação Espírita Brasileira, 2015.